ette
3

dio Times

DELIUS KLASING

Thomas Lötz . Reinaldo Coddou H.

DIE 100 WICHTIGSTEN TORE DER WELT

Herzschlag-Momente zwischen Netz und Linie

Delius Klasing Verlag

Die besten Tore sind die, die man nicht vergisst. Die sich in das Gedächtnis eingebrannt haben, weil sie unvergleichlich extrem wichtig oder eben auch einfach nur kurios waren.

Die Sammlung, die Sie auf den folgenden 136 Seiten in alphabetischer Reihenfolge der Torschützen finden, beinhaltet Tore, die Sie kennen – und die Sie nach der Lektüre dieses Buches wahrscheinlich nie wieder vergessen werden.

NÖRDLINGEN
Station
AMSTEL

CHAMPIONS LEAGUE

Carlos Alberto

BRASILIEN

21. Juni 1970, Estadio Azteca, Mexiko City (Mexiko)
WM-Finale, Brasilien – Italien 4:1

::: Dieses Spiel war längst entschieden. Der Gegner aus Italien klar geschlagen, von einer Superübermannschaft. Und dann setzte der Kapitän dem dritten WM-Erfolg der Seleção die Krone auf. Was dieses Tor von Carlos Alberto so speziell macht, ist nicht sein Ende, dieser stramme Flachschuss mit dem Außenrist also, der an Italiens Keeper Albertosi vorbei ins hintere Toreck zischt. Was dieses Tor einzigartig macht, ist seine Entstehung. Ausgehend vom linken Verteidiger Tostão, entwickelt sich gegen Ende dieses WM-Endspiels ein Angriff, der seine Sogwirkung langsam aus der brasilianischen Hälfte des Spielfeldes in die italienische entfaltet und in dessen Verlauf schließlich – bis auf zwei Akteure – sämtliche Spieler Brasiliens am Ball gewesen sind, ohne dass ein Italiener hätte dazwischenfunken können. Der letzte Pass kommt von Pelé, der Torschütze fliegt aus dem Nichts heran und schießt wuchtig ein. Später hat Carlos Alberto sein Tor und dessen Entstehung mal als »Karneval« bezeichnet. So haben wir uns den, ehrlich gesagt, auch immer vorgestellt.

MARTINI

Hamburger SV
12
TØFTING
31
SCHOBER

Patrik Andersson

FC BAYERN MÜNCHEN

19. Mai 2001, AOL-Arena, Hamburg
Bundesliga, 34. Spieltag,
Hamburger SV – FC Bayern München 1:1

::: Befragt man Anhänger des FC Schalke 04 nach diesem Tor, werden die Antworten auch heute noch, mit einigem zeitlichen Abstand, mindestens von blankem Entsetzen, tiefster Trauer, oft aber auch vom plötzlichen Tod handeln. Natürlich, und das ist nichts Neues, neigt der Schalker zum zu groß geratenen Pathos, und deswegen hatten sie an diesem 19. Mai im seligen Betonrund Parkstadion ja auch schon angefangen, den ersten königsblauen Meistertitel seit 1958 zu feiern. Mit Feuerwerk usw. Dann stellte sich aber heraus, dass in Hamburg noch gespielt wurde. Der HSV war kurz zuvor durch Sergej Barbarez mit 1:0 in Führung gegangen. Das Livebild wurde auf die Anzeigetafel im Parkstadion geschaltet. Und dann durften alle S04-Fans mit ansehen, wie es in der 4. Minute der Nachspielzeit einen Freistoß für die Bayern gab. Der Schwede Patrik Andersson lief an und drosch den Ball durch alle Mann hindurch in die Maschen. Er sagte: »In diesem Moment explodierte alles.« Bayern Meister, Schalke weinte, und Andersson? Der hatte, nachdem er sein erstes und letztes Bundesliga-Tor für die Bayern geschossen hatte, Besseres vor. Er wechselte zum FC Barcelona.

Klaus Augenthaler

FC BAYERN MÜNCHEN

20. August 1989, Waldstadion, Frankfurt/Main

DFB-Pokal, 1. Runde, Eintracht Frankfurt – FC Bayern München 0:1

::: Dieses Tor war »Tor des Jahres«, »Tor des Jahrzehnts«, vor allem aber war es eine Demütigung für Torwart Uli Stein. Münchens Kapitän Klaus Augenthaler (»Ich hatte mir irgendwann das Ziel gesetzt, ein Tor von der Mittellinie zu erzielen.«) zieht in diesem Pokalspiel mit dem Ball am Fuß in den Mittelkreis, erkennt, dass der Frankfurter Keeper zu weit vor seinem Tor steht und lässt einen Ball los, der immer weiter und höher zu steigen scheint, ehe er urplötzlich vom Himmel fällt. Da ist es aber schon zu spät für Stein, der ohnehin nur halbherzig zurückzulaufen scheint und dann, als sei es eine unwürdige, lästige Pflicht, noch einmal kurz hochspringt. Hinterher wird Uli Stein auf die Frage, ob er nicht zu weit vor seinem Tor gestanden habe, Stein-typisch antworten: »Ich verhindere dadurch immer noch mehr Tore, als ich bekomme.« Das mag privatstatistisch stimmen, allerdings hatte Stein bereits im März 1986 gegen Matthias Herget ein »Tor des Jahres« aus nahezu identischer Distanz kassiert. Einziger Unterschied: Damals hütete Stein noch das Tor des Hamburger SV.

Spielführer
em
mita

Roberto Baggio

ITALIEN

19. Juni 1990, Stadio Olimpico, Rom (Italien)

WM-Vorrunde, Gruppe A, Italien – Tschechoslowakei 2:0

::: Träumen lassen hätte Roberto Baggio sich das vor 20 Jahren sicher nicht, dass er, der Künstler, der Arnachist und Buddhist des italienischen Fußballs, tatsächlich Funktionär werden würde. Im Sommer 2010 hat er beim Verband als Technischer Direktor unterschrieben, ehrenamtlich – die Sehnsucht nach Fußball, wie ihn Baggio in seiner großen Zeit zelebrierte, ist groß in Italien. Man will Tore wie dieses sehen, dass der damals 23-Jährige bei der WM im eigenen Land erzielte. In den ersten beiden Gruppenspielen gegen Österreich und die USA war Baggio nicht zum Einsatz gekommen. Kurz vor dem Turnier war er von der Fiorentina zum Erzrivalen Juventus für die Weltrekordsumme von 25 Millionen Mark gewechselt. In Florenz hatte das ernste Krawalle ausgelöst. Jetzt aber gegen die Tschechoslowaken. An der Außenlinie stehend, Höhe Mittelkreis, empfängt Baggio ein Zuspiel von Giuseppe Giannini, ein schneller Doppelpass mit dem Römer, und Baggio ist auf dem Weg. Mit der für ihn typischen und bei diesem Tempo sensationellen, engen Ballführung rennt er in den Strafraum, steht dann nur noch Miroslav Kadlec gegenüber, wackelt den bald für Kaiserslautern spielenden Verteidiger aus und schiebt den Ball flach unter Keeper Jan Stejskal durch. Bravo.

::: 1:0 ::: 21. Minute :::

Michael Ballack

BAYER 04 LEVERKUSEN

20. Mai 2000, Stadion Am Sportpark, Unterhaching

Bundesliga, 34. Spieltag, SpVg Unterhaching – Bayer Leverkusen 2:0

::: Bayer Leverkusen hatte es in der Hand. Am letzten Spieltag konnte die Mannschaft erstmals Deutscher Meister werden – Mindestvoraussetzung: ein Unentschieden beim Münchener Vorortclub aus Unterhaching. Dann hätte Verfolger Bayern München im 20 Kilometer nördlich gelegenen, heimischen Olympiastadion noch so hoch gegen Werder Bremen gewinnen können. Doch es kam, man weiß es, anders, und hinterher sprach der zu AS Rom wechselnde Brasilianer Emerson: »Leverkusen wird nie, nie, nie etwas gewinnen.« Das 1:0 für Unterhaching besorgte vor 11300 Zuschauern im Stadion Am Sportpark ein Leverkusener: Michael Ballack. Eine durchaus tückische Flanke von Hachings Danny Schwarz wollte der vor der Saison aus Kaiserslautern nach Leverkusen gewechselte Ballack vor dem Einschuss bereiten Altin Rraklli klären. Doch statt zur Ecke trat der 23-jährige Mittelfeldspieler den Ball an seinem Torwart Adam Matysek vorbei ins Netz. Danach ging gar nichts mehr für Leverkusen, Haching gewann 2:0 und machte Bayern München zum Meister. Nach dem Schlusspfiff weinte Michael Ballack, und der Trainer der Spielvereinigung, Lorenz-Günther Köstner, sagte: »So etwas zerreißt einem die Seele.«

Marco van Basten

NIEDERLANDE

21. Juni 1988, Volkspark-Stadion, Hamburg
EM-Halbfinale, Deutschland – Niederlande 1:2

::: Es ist das Halbfinale der Europameisterschaft 1988, Deutschland gegen die Niederlande, gespielt wird in Hamburg. Es sind mehr niederländische als deutsche Fans im Stadion. Es ist das Spiel, nach dessen Abpfiff der niederländische Abwehrspieler Ronald Koeman das Trikot mit dem Deutschen Olaf Thon tauscht und danach so tut, als wische er sich damit den Hintern ab. Im »Oranje«-Sturm spielt Marco van Basten, der im selben Jahr zum Weltfußballer und Europas bestem Kicker gekürt wird. Marco van Basten wird nachher sagen, dass diese EM ein großes Erlebnis gewesen sei, »besonders, weil wir auf unserem Weg ins Finale diese widerwärtigen Deutschen rausgeworfen haben.« Gegen van Basten spielt der 22-jährige Manndecker Jürgen Kohler, der lange gut aussieht. Dann grätscht Kohler den Ball im Strafraum weg, van Basten stolpert über das ausgestreckte Bein des Deutschen, der rumänische Referee Ioan Igna gibt Elfmeter – Ausgleich durch Koeman. Eine Minute vor dem Ende schickt Jan Wouters einen Pass in die rechte Hälfte des Strafraums auf van Basten. Kohler verliert das Laufrutschduell gegen den Niederländer, der im Sinken den Ball an Torwart Eike Immel vorbei ins Tor schießt. Schade, Deutschland, alles ist vorbei.

Canon

Cola
Gillette
Canon
PHILIPS

Marco van Basten

NIEDERLANDE

25. Juni 1988, Olympiastadion, München
EM-Finale, Sowjetunion – Niederlande 0:2

::: Bereits in der Vorrunde dieser EM hatten sich die Sowjetunion und die Niederlande gegenübergestanden, das Spiel hatten die Osteuropäer durch einen Fernschuss von Wassili Raz überraschend gewonnen. Aber jetzt in München war Finale, und jetzt ist auch Marco van Basten dabei. Den Milan-Stürmer hatte Bondscoach Rinus Michels im ersten Aufeinandertreffen mit der Sowjetunion auf der Bank gelassen, denn van Basten war zuvor lange verletzt gewesen. Doch der Stürmer ist längst der Star des Turniers, nicht nur wegen seines Hattricks gegen England und des entscheidenden Halbfinaltores gegen Deutschland. In der 33. Minute hatte van Basten die Führung der Niederlande durch Ruud Gullit vorbereitet. Jetzt flankt der 37-jährige Arnold Mühren von links hoch in den rechten Teil des Strafraums, wo van Basten aus spitzem Winkel einfach mal volley abzieht. Der schnelle Ball beschreibt eine Flugkurve, die eines Top-Spin-Tennisschlages ähnlich ist, und senkt sich über Torwart Rinat Dassajew ins Netz. Als die Russen fünf Minuten darauf einen Strafstoß vergeben, hat van Basten ausgerechnet an dem Ort, an dem sein Land 14 Jahre zuvor die bittere Niederlage im WM-Finale gegen Deutschland erlitten hatte, ein bisschen etwas wieder gutmachen können.

Franz Beckenbauer

DEUTSCHLAND

25. Juli 1966, Goodison Park, Liverpool (England)
WM-Halbfinale, Deutschland – Sowjetunion 2:1

::: Erstmals überhaupt trafen im Rahmen einer Weltmeisterschaft Deutschland und die Sowjetunion aufeinander. Im Goodison Park, dem Stadion des FC Everton, ging es um den Einzug ins Finale. Deutschland führte durch ein Tor des beim FC Bologna in Italien unter Vertrag stehenden Helmut Haller kurz vor der Pause mit 1:0. Zudem spielte die Mannschaft seit der 44. Minute in Überzahl, der Russe Igor Tschislenko, der in den beiden Spielen zuvor gegen Italien und Ungarn entscheidende Treffer markiert hatte, war vom italienischen Schiedsrichter Lo Bello wegen Nachtretens gegen Siggi Held des Feldes verwiesen worden. Trotz quantitativer Überlegenheit hatten die Deutschen ihre Schwierigkeiten mit den kämpfenden Russen. Und so dauerte es bis zur 68. Minute, in der sich der erst 20-jährige Franz Beckenbauer im Anschluss an eine Ecke ein Herz fasste. Aus etwa 20 Metern jagte er den Ball mit dem linken Spann ins Tor. Das war der Finaleinzug, es war Beckenbauers vierter Treffer im Turnier. Noch nie hatte ein Verteidiger bei einer Weltmeisterschaftsendrunde so viele Tore erzielen können, und aus dem vielversprechenden Münchener Talent war ein internationaler Shootingstar geworden.

Franz Beckenbauer

HAMBURGER SV

1. Juni 1982, Volkspark-Stadion, Hamburg

Abschiedsspiel von Franz Beckenbauer, Deutschland – Hamburger SV 4:2

::: Dies ist die Anzeigetafel des Hamburger Volkspark-Stadions an einem Juniabend im Jahre 1982. Zu sehen ist die Torfolge beim Abschiedsspiel für Franz Beckenbauer. Der Torschütze des 3:0 wird nicht genannt. Ein technischer Defekt? Mitnichten. Das 3:0 für die Nationalmannschaft war ein Eigentor Beckenbauers gewesen, der im Alter von 36 Jahren mit dem HSV kurz zuvor noch einmal Deutscher Meister geworden war. Nur 30 000 Zuschauer waren an diesem Abend gekommen. Der schwache Zuspruch mag sich so erklären, dass hier ja kein langjähriger HSV-Star ging. Auf gerade einmal 28 Bundesliga-Einsätze hatte es Beckenbauer in anderthalb Jahren für Hamburg gebracht, beginnend mit dem 14. Spieltag der Saison 1980/81, als er beim Stand von 1:1 in Stuttgart eingewechselt worden war (Endstand 2:3). Beckenbauers Eigentor sollte beim Abschied von Hamburg nicht sein einziger Treffer bleiben: In der 83. Minute ließ man ihn noch ein richtiges Tor erzielen. Wobei Eigentore durchaus eine Spezialität des Liberos waren: Vier »gelangen« ihm in seiner Bundesliga-Zeit insgesamt.

Dennis Bergkamp

NIEDERLANDE

4. Juli 1998, Stade Vélodrome, Marseille (Frankreich)
WM-Viertelfinale, Niederlande – Argentinien 2:1

::: Es war eine hitzig geführte Partie in diesem Viertelfinale, das natürlich auch eine Revanche für das WM-Finale 20 Jahre zuvor war, in dem die Niederlande den damaligen Gastgebern unterlegen gewesen waren. Jetzt, in Marseille, hatte der mexikanische Schiedsrichter Brizio Carter den Niederländer Arthur Numan in der 76. Minute des Feldes verwiesen, elf Minuten später durfte dann auch der Argentinier Ariel Ortega vorzeitig in die Kabine. Und als nur noch eine Minute in der regulären Spielzeit zu absolvieren war, beim Spielstand von 1:1, da schlug der niederländische Spieler Frank de Boer aus der eigenen Hälfte einen Ball, der »stundenlang« unterwegs war, ehe er sanft auf der Fußspitze von Dennis Bergkamp landete. Ein eleganter, leichtfüßiger Tick, der Ball rann zwischen den Beinen des Argentiniers Roberto Ayala hindurch, und drei Bergkamp-Schritte später besorgte der Außenrist des Ausnahmestürmers nicht nur dem niederländischen TV-Kommentatoren Jack van Gelder den Rest. Der Glatzkopf ist ein einziger Schrei, fünfmal hintereinander brüllt er wie ein Irrer nur »Dennis Bergkamp« ins Mikrofon. Und so schrieb nicht nur das Tor, sondern auch der Ausbruch van Gelders niederländische Fußballgeschichte.

Oliver Bierhoff

DEUTSCHLAND

30. Juni 1996, Wembley Stadium, London (England)
EM-Finale, Tschechien – Deutschland 1:2

::: In der 69. Minute nimmt Bundestrainer Berti Vogts in diesem Endspiel den Mittelfeldspieler Mehmet Scholl vom Platz. Nachdem Patrik Berger vom FC Liverpool die Tschechen ein paar Minuten zuvor per Foulelfmeter in Führung gebracht hat, wechselt Vogts den Stürmer Oliver Bierhoff ein, der zum Mann des Abends wird. Zunächst gelingt dem gebürtigen Karlsruher vier Minuten später im Anschluss an einen Freistoß von Christian Ziege per Kopf der Ausgleich: Bierhoffs erste Ballberührung im Spiel. Und nach exakt 4 Minuten und 17 Sekunden in der Verlängerung steht Bierhoff mit dem Rücken zum Tor, dreht sich um seinen Gegenspieler Karel Rada und erzielt das erste Golden Goal im Seniorenbereich – Deutschland ist zum dritten Mal Europameister. Man muss sagen, dass dieses Tor zwar bedeutsam, aber kein schönes war. Denn mit seinem Schuss traf Bierhoff den tschechischen Abwehrspieler Michal Horňák, der den Ball so abfälschte, dass der seinen Keeper Petr Kouba auf dem falschen Fuß erwischte. Kouba drehte sich geschwind, riss die Hände hoch und konnte den Ball doch nur wenig ablenken. Bundeskanzler Helmut Kohl war es gleich. Er grinste auf der Ehrentribüne.

::: 1:0 ::: 85. Minute :::

Andreas Brehme

DEUTSCHLAND

8. Juli 1990, Stadio Olimpico, Rom (Italien)

WM-Finale, Deutschland – Argentinien 1:0

::: Sieben, vielleicht acht Minuten musste Andreas Brehme warten. Erregt diskutierten die Argentinier mit Schiedsrichter Edgardo Codesal Mendez aus Mexiko, ob das Foul ihres Mannschaftskollegen José Serrizuela gegen Rudi Völler wirklich eines Strafstoßes würdig gewesen sei. Zuvor war Mendez' Pfeife nach einem klaren Strafraumfoul an Klaus Augenthaler stumm geblieben, es roch nach einer dieser berühmten Konzessionsentscheidungen. Warum Brehme den Elfer dann schoss, nicht Völler oder Kapitän Lothar Matthäus? Völler war gefoult worden, sollte also dem Brauchtum gemäß nicht antreten. Matthäus hatte in der Halbzeit seine Schuhe gewechselt und fühlte sich in den neuen Tretern angeblich nicht sicher genug. Also legte Brehme sich den Ball hin, den die Argentinier zunächst immer wieder wegkickten. Im Tor stand mit Sergio Goycoechea ein »Elfmeterkiller«. Der Mann, der für die Millionarios aus Bogota spielte, hatte in den Elfmeterschießen zuvor gegen Jugoslawien und Italien jeweils zwei Elfmeter abgewehrt. Brehme blickte zu Boden, lief an und schoss flach in die linke untere Ecke. Die Finalrevanche für 1986 war geglückt. Deutschland war zum dritten Mal Weltmeister, im ersten WM-Endspiel, das durch einen Elfmeter entschieden worden war.

Andreas Brehme

DEUTSCHLAND

24. Juni 1990, Stadio Giuseppe Meazza, Mailand (Italien)
WM-Achtelfinale, Deutschland – Niederlande 2:1

::: 2:0 ::: 82. Minute :::

::: Deutschland hat in diesem hoch spannenden Spiel neun Minuten vor Schluss eine Ecke von der rechten Seite zugesprochen bekommen. Im Strafraum der Niederländer halten sich nur drei deutsche Spieler auf, der Rest sichert nach hinten ab. Neben Lothar Matthäus und Karl-Heinz Riedle hat auch der an diesem Tag exzellent aufgelegte Stuttgarter Guido Buchwald sich nach ganz vorne begeben. Der Kölner Pierre Littbarski schlägt den Ball weit herein, wo Buchwald das Kopfballduell gegen Ronald Koeman gewinnt und sich den Ball nach links vorlegt, außerhalb des Sechzehners. Koemann greift Buchwald nicht an, und mit einer schnellen Drehung passt der Deutsche den Ball zurück auf Brehme, der von der linken Strafraumkante einen gefühlvollen Schlenzer mit dem rechten Fuß loslässt, der im hinteren rechten Toreck einschlägt. »Eines der schönsten Tore, das ich je gemacht habe«, hat Andreas Brehme über diesen Treffer gesagt. »Und das war mit Sicherheit nicht einfach.« Das Tor bedeutete den Einzug ins Viertelfinale, auch weil der Anschlusstreffer durch einen Elfmeter von Koeman in der vorletzten Minute der regulären Spielzeit einfach zu spät kam.

Paul Breitner

DEUTSCHLAND

14. Juni 1974, Olympiastadion, Berlin
WM-Vorrunde, Gruppe 1, Deutschland – Chile 1:0

::: Als der ehemalige Pädagogikstudent Paul Breitner mit einem prächtigen Weitschuss aus 25 Metern das erste Tor der WM im eigenen Land erzielte, war er schwer genervt. Am Morgen des Eröffnungsspiels gegen Chile hatte Breitner am Telefon mit einem Freund gestritten, weil der ihm gesagt hatte, der erste WM-Torschütze werde Breitner heißen. Und Breitner mag es bis heute nicht, wenn jemand anderer als er im Recht ist. Damals, 1974, war der Bayern-Spieler 22 Jahre alt, hatte eine lässige Afrofrisur und einen starken rechten Fuß, mit dem er auch seinen Sonntagsschuss ausgeführt hatte, den Chiles Schlussmann Leopoldo Vallejos nicht hatte halten können. »Mit einem richtigen Torwart geht so etwas nicht«, relativierte Breitner. Nach dem 1:0 war das Spiel vor 83 000 Zuschauern in Berlin kein guter Kick, auch weil die Chilenen von ihrem zuckerkranken Trainer Luis Álamos sehr defensiv eingestellt worden waren und dem umstrittenen deutschen Regisseur Wolfgang Overath außer Fehlpässen wenig einfiel. 32 Jahre später schoss übrigens wieder ein als Linksverteidiger eingesetzter Rechtsfuß Deutschlands erstes Tor bei der WM im eigenen Land – und wieder war es ein Bayern-Spieler: Philipp Lahm.

MAT
OP

Guido Buchwald

VfB STUTTGART

16. Mai 1992, Ulrich-Haberland-Stadion, Leverkusen
Bundesliga, 38. Spieltag, Bayer 04 Leverkusen – VfB Stuttgart 1:2

::: Der Deutsche Meister 1992 hieß Borussia Dortmund, zumindest so gut wie. 86 Minuten waren an diesem letzten Spieltag der Saison 1991/92 gespielt. Punktgleich mit Eintracht Frankfurt und dem VfB Stuttgart, allerdings mit dem schlechtesten Torverhältnis, war der BVB in diesen Nachmittag gestartet, jetzt lag man in Duisburg mit 1:0 vorn. Frankfurt brachte vier Minuten vor Schluss bei den bereits abgestiegenen Rostockern nicht mehr als ein 1:1 zustande. Und auch in Leverkusen, wo Stuttgart mit Trainer Christoph Daum zu spielen hatte, stand es 1:1. Dort hatte der VfB sieben Minuten zuvor seinen Antreiber Matthias Sammer verloren, der nach einem Foul Schiedsrichter Hans-Peter Dellwing hämisch applaudiert und dafür Rot gesehen hatte. Stuttgart kam über die linke Seite, Ludwig »Wiggerl« Kögl schlug eine Flanke in Leverkusens Sechzehner, Abwehrrecke Franco Foda segelte am Ball vorbei, am hinteren Eck des Fünfmeterraums sprang Stuttgarts Kapitän Guido Buchwald hoch und köpfte zum Sieg ein. Als dann die Kunde vom Rostocker 2:1 gegen Frankfurt das Haberland-Stadion erreichte, stürmten die VfB-Fans den Platz, und Schiedsrichter Dellwing pfiff angesichts der anhaltenden »pitch invasion« ab. Regulär wäre noch ein bisschen zu spielen gewesen.

Roberto Carlos

BRASILIEN

3. Juni 1997, Stade de Gerland, Lyon (Frankreich)
Tournoi de France, Frankreich – Brasilien 1:1

::: Os tres dedos (»Drei kleine Zehen«) nennen sie in Brasilien einen Außenristschuss. Führt man diesen als »bomba« aus, dann kann am Ende so etwas herauskommen wie der wohl bekannteste, härteste und unglaublichste aller denkbaren Außenristschüsse. Jener Freistoß aus 32 Metern Torentfernung, den an diesem Juniabend in Lyon der Brasilianer Roberto Carlos von seinem Spann wegließ. Mit 202 Stundenkilometern – dem (inoffiziellen) Rekord für den härtesten Schuss im Weltfußball – schien der Ball zunächst am französischen Tor mit dem bemitleidenswerten Fabien Barthez darin vorbeizusausen, beschrieb dann eine unglaubliche Kurve und schlug voll ein. Den Kunstschuss von Roberto Carlos nahm die Psychologin Cathy Craig von der Belfaster Queen's University zum Anlass für eine Untersuchung über Ballflugbahnen und menschliche Wahrnehmung. Vorhersagbares Ergebnis: Angeschnittene Bälle sind schwerer zu beurteilen als gerade geschossene. Und, das lehrte das Tournoi de France, auch der schönste Treffer ist kein Erfolgsgarant. Denn der Franzose Keller glich Brasiliens Supertorführung aus. Das offizielle Vorbereitungsturnier der WM 1998 gewann übrigens weder Frankreich noch Brasilien, sondern, kaum zu glauben, England.

::: 2:0 ::: 65. Minute :::

Johan Cruyff

NIEDERLANDE

3. Juli 1974, Westfalenstadion, Dortmund
WM, 2. Finalrunde, Gruppe A, Niederlande – Brasilien 2:0

::: Egal, was in vielen Büchern über die WM 1974 geschrieben steht. Der beste Spieler des Turniers war weder Gerd Müller, noch war es Franz Beckenbauer. Der mit Abstand beste Spieler war der im Finale von Berti Vogts zur Bedeutungslosigkeit geschundene Niederländer Johan Cruyff. Der Sohn einer Putzfrau hatte seinen größten Auftritt im über den Finaleinzug entscheidenden Spiel gegen Brasilien. Nachdem er nach einer Viertelstunde an Torhüter Emerson Leão gescheitert war, dann zu Beginn der zweiten Halbzeit das 1:0 seines Teamkollegen Johan Neeskens vorbereitet hatte, vollendete Cruyff seine Leistung in Dortmund mit dem 2:0. Nach einem Doppelpass mit Rob Rensenbrink hatte Ruud Krool von links außen auf Johan Cruyff geflankt. Cruyff, Kapitän der Elftal, der Mann mit der Nummer 14 auf dem in diesem Fall weißen Trikot, hatte mit einem für ihn typischen schnellen Antritt seinen Gegenspieler, den brasilianischen Kapitän Marinho Peres, abgeschüttelt, eilte Richtung Fünfmeterraum, warf sich rücklings in die Flanke von Krol und drückte den Ball im Fliegen mit dem rechten Fuß volley ein. Später sagte ein anderer großer niederländischer Spieler, Ruud Gullit: »Cruyffs Tor 1974 gegen Brasilien war für mich die absolute Krönung des Fußballs.«

::: 1:1 ::: 52. Minute :::

Salif Diao

SENEGAL

6. Juni 2002, World Cup Stadium, Daegu (Südkorea)

WM-Vorrunde, Gruppe A, Dänemark – Senegal 1:1

::: Für den Torschützen war es ein erinnerungswürdiges Spiel: Salif Alassane Diao, damals in Diensten des französischen Erstligaclubs CS Sedan, auch die »Wildschweine« genannt. Zunächst hatte Diao im Anschluss an eine Ecke per Kopfball Dänemarks Keeper Thomas Sörensen zu einer Glanzparade gezwungen. Dann foulte er Jon Dahl Tomasson, der den fälligen Elfmeter zur 1:0-Führung für Dänemark einschoss. Und schließlich schloss Diao den wohl schnellsten und – was die zurückgelegte Distanz anbelangt – längsten Konter der WM-Geschichte mit dem Ausgleich ab. Am eigenen Strafraum lancierten die Senegalesen einen lehrbuchmäßigen, zwölf Sekunden dauernden Konter über Camara, Diouf, Diao, Fadiga und schließlich wieder Diao, der einschoss. 27 Minuten darauf wurde der Torschütze nach einem üblen Foul am Dänen Rene Henriksen mit Roter Karte des Feldes verwiesen. Für den Senegal ging es weiter – bis ins Viertelfinale, in dem ein Golden Goal von Gegner Türkei den größten Erfolg einer afrikanischen Mannschaft bei einer Weltmeisterschaft verhinderte. Für Salif Diao nahm die WM ein gutes Ende. Er wechselte für 7,5 Millionen Euro zum FC Liverpool.

Kappa
zero

Diego

WERDER BREMEN

20. April 2007, Weserstadion, Bremen
Bundesliga, 30. Spieltag,
Werder Bremen – Alemannia Aachen 3:1

::: Die auf einem Abstiegsplatz stehenden Aachener witterten an diesem Freitagabend ihre Chance. Vier Spieltage vor Saisonende lagen sie mit 1:2 beim Tabellenzweiten und Meisterschaftsmitfavoriten aus Bremen zurück, ein Punkt war also noch drin in der Nachspielzeit. Aachens Torwart Kristian Nicht hatte sich bei einem Freistoß seines Teamkollegen Jan Schlaudraff in den Werder-Strafraum aufgemacht, doch der Ball wurde abgewehrt und landete am Fuß von Diego. Der 22-jährige Brasilianer lief drei, vier Schritte und zog – nicht mal den Anstoßkreis hatte da der zurückeilende Nicht hinter sich gebracht – aus exakt 63,14 Metern Torentfernung ab. Vor der Torlinie tickte der Ball noch einmal auf. Es wirkte fast so, als würde er doch noch den Weg über die Latte hinweg ins Aus finden, dann aber flog er doch an die Unterkante und von dort ins Netz. Nur einer traf in der Bundesliga aus noch größerer Distanz ins Tor: Werders Manager Klaus Allofs am 31. Januar 1986 als Stürmer des 1. FC Köln gegen Bayer Leverkusen. »Aber das«, sagte Allofs über sein 21 Jahre altes Tor, »war nicht so schön wie dieses.«

::: 1:1 ::: 39. Minute :::

Lothar Emmerich

DEUTSCHLAND

20. Juli 1966, Villa Park, Birmingham (England)

WM-Vorrunde,Gruppe 2, Deutschland – Spanien 2:1

::: »So eines konnte nur er schießen«, sagte Franz Beckenbauer auf der Beerdigung von Lothar Emmerich. »Ich stand ziemlich in der Nähe. Ich bin erschrocken, als er von der Torauslinie schoss und dachte: Was will er denn jetzt?« Im letzten Vorrundenspiel der WM 1966 in England benötigte Deutschland gegen Spanien einen Sieg, um sich fürs Viertelfinale zu qualifizieren. Spanien führte seit der 24. Minute durch José Fusté vom FC Barcelona mit 1:0. Dann schlugen die »terrible twins« zu, wie die englische Presse die Dortmunder Sigfried »Siggi« Held und Lothar »Emma« Emmerich seit einem Europapokalspiel im April bei West Ham United nannte. Und es kam der Schuss, der Lothar Emmerich weltberühmt machte. Ein Einwurf seines Kumpels Siggi Held in den linken Teil des Strafraums, Verteidiger Manuel Sanchis lässt »Emma« ziehen, und der Deutsche zimmert den Ball von der Außenlinie mit Vollspann in den hinteren oberen Torwinkel. Für Emmerich ganz einfach: »Ich hab den Dropkick abgedrückt.« Am 13. August 2003 starb Lothar Emmerich im Alter von 61 Jahren an Lungenkrebs. Wenige Stunden zuvor war ein anderer großer Fußball-Held des Ruhrgebiets verstorben: Der 1954er-WM-Torschütze Helmut Rahn.

Andrés Escobar

KOLUMBIEN

22. Juni 1994, Rose Bowl, Los Angeles (USA)
WM-Vorrunde, Gruppe A, USA – Kolumbien 2:1

::: Andrés Escobar sah den Angriff über die von ihm aus linke Seite kommen, und er wusste, dass in seinem Rücken ein US-amerikanischer Spieler auf eine Flanke lauerte. Vielleicht hatte er sogar das Handzeichen dieses Spielers bemerkt. Als der ballführende John Harkes sich zu einer harmlos aussehenden Hereingabe entschloss, grätschte Andrés Escobar, etwa am Elfmeterpunkt, dazwischen. Sein Torwart Oscar Cordoba hatte keine Chance, an den Ball zu kommen. Ein »tödlicher« Fehler des 27-jährigen Abwehrspielers aus Medellin. Auch wenn das Eigentor Escobars das Spiel nicht entschied, so trug es doch dazu bei, dass Kolumbien – nicht nur für Pelé ein Geheimfavorit – in der Vorrunde dieser WM ausgeschieden war. Und als Escobar zehn Tage nach diesem Spiel gegen 3:30 Uhr morgens einen Club in seiner Heimatstadt Medellin verließ, wurde er mit zwölf Schüssen getötet. Auch wenn es nie bewiesen wurde, gilt es als sehr wahrscheinlich, dass Andrés Escobar sterben musste, weil die kolumbianische Wettmafia aufgrund des frühen Ausscheidens der Mannschaft mehrere Millionen Dollar verloren hatte. Heute finden in Kolumbien am Todestag Escobars, am 2. Juli, alljährlich Gedenkgottesdienste statt.

Klaus Fischer

DEUTSCHLAND

16. November 1977, Neckarstadion, Stuttgart
Länderspiel, Deutschland – Schweiz 4:1

::: Ein echter Fallrückzieher sei, hat die *Süddeutsche Zeitung* einmal geschrieben, wenn Rüdiger Abramczik flankt und Klaus Fischer, wie bei dem hier zu sehenden Tor, »so hoch in der Luft liegt, dass er fast nach unten schießen muss, um den Ball im Tor unterzubringen.« Da übertrieb die *SZ* natürlich ein bisschen. Richtig ist: Fischer lag in diesem Freundschaftsspiel gegen die Schweiz in Stuttgart hoch in der Luft. Aber: Er musste den Ball nicht nach unten schießen. Richtig ist: Hoch hatte Abramczik die Flanke hereingeschlagen, Fischer sprang mit rechts an der linken Ecke des Fünfmeterraums ab, holte mit dem linken Bein kurz Schwung, und dann folgte formvollendet das, was die Briten einen »bicycle kick« und wir im alten Turnvater-Jahn-Deutsch einen »Fallrückzieher« nennen. Der Oberkörper legt sich nach hinten, das rechte Schussbein bleibt im Flug gebeugt, dann schnellt der Unterschenkel nach vorn, Fischer tickt den Ball kurz an und der fliegt (in diesem Fall) in einer Waagerechten über den überraschten Schweizer Torhüter Erich Burgener ins Netz. Kein Wunder also, dass dieses ästhetische Gesamtkunstwerk zum »Tor des Jahres«, »Tor des Jahrzehnts« und »Tor des Jahrhunderts« gewählt wurde.

Klaus Fischer

DEUTSCHLAND

8. Juli 1982, Estadio Ramón Sánchez Pizjuán, Sevilla (Spanien)
WM-Halbfinale,
Deutschland – Frankreich 8:7 n. E.

::: Der zweite wichtige Fallrückzieher-Treffer von Klaus Fischer folgte fünf Jahre nach seiner stilbildenden Vorführung gegen die Schweiz. Diesmal war es alles andere als ein Spiel in Freundschaft. Es war ein hoch dramatisches Weltmeisterschafts-Halbfinale in Sevilla zwischen der deutschen und der französischen Nationalelf. Torhüter Toni Schumacher verhinderte mit einem bösen Foul am eingewechselten Patrick Battiston das Ausscheiden. Die Deutschen hatten in der Verlängerung durch Tore von Marius Tresor und Alain Giresse bereits 1:3 zurückgelegen, Karl-Heinz Rummenigge hatte die Mannschaft auf 2:3 herangebracht. Dann spielte Bernd Förster auf den linken Flügel zu Pierre Littbarski heraus, der flankte auf den hinteren Pfosten zu Horst Hrubesch. Doch statt es selbst mit einem seiner wuchtigen Kopfbälle zu versuchen, wie die beiden französischen Verteidiger es augenscheinlich erwarteten, die sich neben ihren Schlussmann auf die Torlinie stellten, legte Hrubesch den Ball zurück auf den völlig frei stehenden Fischer. »Ich hatte keine Zeit ihn zu stoppen«, sagte Fischer Jahre später und brachte die Dinge durcheinander, »da ich von zwei Franzosen bedrängt wurde (es war keiner da, d. Verf.). Also nahm ich ihn direkt, und drin war das Ding.«

ALEMANIA 2
FRANCIA

Jan Åge Fjørtoft

EINTRACHT FRANKFURT

29. Mai 1999, Waldstadion, Frankfurt/Main

Bundesliga, 34. Spieltag, Eintracht Frankfurt – 1. FC Kaiserslautern 5:1

::: Gerade mal 30 Monate war Jan Åge Fjørtoft bei Eintracht Frankfurt angestellt, am Ende blieb neben zahlreichen mehr oder weniger geglückten Späßchen des Norwegers vor allem dieses Tor in Erinnerung. Frankfurt drohte der Bundesliga-Abstieg, und zum »Endspiel« kam am letzten Spieltag der 1. FC Kaiserslautern ins Waldstadion. Die Eintracht musste in jedem Fall gewinnen, besser noch hoch gewinnen und dann auf Ausrutscher der Konkurrenz hoffen. Denn aus eigener Kraft war der Klassenerhalt nicht zu schaffen. In der 89. Minute marschierte der gerade eingewechselte Christoph Westerthaler mit dem Ball am Fuß in die Lauterer Hälfte, fiel dann im Duell mit Libero Ciriaco Sforza hin, hatte den Ball aber noch nach links zu Jan Åge Fjørtoft gepasst. Der lief in den Strafraum, FCK-Keeper Andreas Reinke kam aus seinem Tor. Den Ball am rechten Fuß machte Fjørtoft einen Übersteiger und schoss mit links an Reinkes Beinen vorbei zum 5:1 ein. Fjørtoft selbst sagte später, dass es das wichtigste Tor seiner Karriere gewesen sei. In der Abschlusstabelle rettete die Eintracht sich auf Rang fünfzehn, die punkt- und torgleichen Nürnberger stiegen wegen der weniger erzielten Tore ab. Und auf dem Stadiondach tanzte Frankfurts Oberbürgermeisterin Petra Roth Walzer mit dem halbnackten Held des Tages: Jan Åge Fjørtoft.

Torsten Frings

DEUTSCHLAND

9. Juni 2006, FIFA-WM-Stadion (Allianz Arena), München
WM-Vorrunde, Gruppe A, Deutschland – Costa Rica 4:2

::: »Für Weitschüsse eignet sich dieses Ding ganz hervorragend«, sagte Torsten Frings über den »Teamgeist« genannten offiziellen Spielball der WM 2006 in Deutschland. Und weil der Mittelfeldabräumer das wusste, hielt Frings im Eröffnungsspiel des »Sommermärchens« in München gegen Costa Rica aus fast 30 Metern Torentfernung voll drauf. Doch statt wie üblich stark zu flattern, drehte der immer länger werdende Ball nach rechts ab und zischte schließlich zum 4:2-Endstand in die Maschen. Es war der gelungene Auftakt in ein Turnier, in dem Frings im Halbfinale gegen Italien fehlen sollte. Die FIFA hatte den Bremer nachträglich gesperrt, weil Fernsehbilder belegten, dass Frings in der Runde zuvor bei einem Handgemenge den Argentinier Julio Cruz geschlagen hatte. Einen der Spielbälle aus dem Eröffnungsspiel übrigens besitzt Frings noch heute, er hatte ihn unter seinem Trikot aus dem Stadion geschmuggelt. Der Ball »liegt ohne Luft in der Abstellkammer«, sagte Frings. »Ich wollte unbedingt ein Andenken haben, und der Schiedsrichter hat mir erlaubt, den Ball mitzunehmen. Irgendwann stelle ich den vernünftig in eine Vitrine oder spende ihn für einen guten Zweck.«

William Gallas

FRANKREICH

18. November 2009, Stade de France, Paris (Frankreich)
WM-Relegationsspiel, Frankreich – Irland 1:1 n. V.

::: »Natürlich bin ich für Frankreich«, sagte der Trainer und gebürtige Straßburger Arsène Wenger, als er nach dem Verhalten seines Ex-Spielers bei Arsenal London befragt wurde. »Aber es ist beschämend, wenn man sich auf die Art qualifiziert, wie wir es getan haben.« Was war geschehen? Zum Erreichen der WM-Endrunde in Südafrika trafen Frankreich und Irland in einem der vier europäischen Playoff-Spiele aufeinander. Das Hinspiel in Dublin hatten die Franzosen mit 1:0 gewonnen, mit demselben Ergebnis lagen die Iren in Paris nach 90 Minuten vorne. Es wurde eine Verlängerung nötig. Ein Freistoß von Florent Malouda flog in den Strafraum, Thierry Henry berührt den Ball kurz vor der Torauslinie zweimal deutlich mit dem linken Unterarm, leitet ihn dann mit rechts auf seinen Mitspieler William Gallas weiter, der zum 1:1 einköpft. »Der Ball traf meine Hand«, sagte Henry nicht dem Schiedsrichter, sondern der Presse nachher, »der Schiri hat es gesehen, aber erlaubt. Ich bin nicht der Schiedsrichter.« Es lässt sich gut vorstellen, wie man in den fußballinteressierten Kreisen Irlands im Sommer 2010 vor dem Fernseher saß und sich über den Selbstzerfleischungsprozess des französischen Teams während der WM in Südafrika freute.

Alcides Ghiggia

URUGUAY

16. Juli 1950, Maracanã, Rio de Janeiro (Brasilien)
WM-Finalrunde, 3. Spieltag, Brasilien – Uruguay 1:2

::: Bei der WM 1950 war kein Endspiel vorgesehen. Der Titel wurde in einer Finalrunde ausgespielt, für die sich aus den insgesamt 13 teilnehmenden Teams Gastgeber Brasilien, Spanien, Schweden und Uruguay qualifiziert hatten. In der letzten Partie des Turniers benötigte Brasilien ein Unentschieden, um Weltmeister zu werden, Gegner Uruguay musste siegen. Was dann geschah, ging in die Geschichte ein als Maracanazo (spanisch) oder Maracanaço (portugiesisch), als »Schock von Maracanã«, dem damals größten Stadion der Welt. In der 79. Minute überlief Alcides Ghiggia, Uruguays Rechtsaußen, nach einem Doppelpass mit Julio Pérez Gegenspieler Bigode. Ghiggia drang in den Strafraum ein, doch statt, wie bereits beim Ausgleichstreffer, in die Mitte zu passen, schoss Ghiggia mit links ins kurze Eck. Uruguay war Weltmeister, und die 173 850 zahlenden Zuschauer im Stadion waren totenstill. Bei den Aufräumarbeiten nach dem Spiel entdeckte man im Maracanã vier Leichen: Drei Personen hatten einen Herzinfarkt erlitten, ein Mann hatte sich durch einen Sprung von der Tribüne selbst getötet. Bis heute gilt das Tor von Ghiggia als größte Fußballkatastrophe Brasiliens, die Nationalmannschaft spielte nach diesem Tag nie wieder in ihren angestammten weißen Trikots.

Grafite

VFL WOLFSBURG

4. April 2009, Volkswagen Arena, Wolfsburg
Bundesliga, 26. Spieltag, VfL Wolfsburg – FC Bayern München 5:1

::: Sie haben Tradition in der Bundesliga. Jene Stürmer, die aus dem Nirgendwo kommen, in einer Saison das Tor wie nichts Gutes treffen, um dann wieder abzutauchen. Grafite, bürgerlich Edinaldo Batista Libânio, ist einer dieser Art. Für 5,6 Millionen Euro wechselte der Brasilianer kurz nach Beginn der Saison 2007/08 vom FC Le Mans aus der französischen Ligue 1 zum VfL Wolfsburg. Dort lief es vielversprechend: elf Tore in 24 Einsätzen. Besser lief es für Grafite und den VfL allerdings in der darauf folgenden Spielzeit, in der Wolfsburg seine erste Meisterschaft und Grafite feierte, der als Torschützenkönig mit 28 Treffern bei 25 Einsätzen einen großen Beitrag zu diesem Erfolg geleistet hatte. Sein schönstes Tor hatte Grafite sich für das große Rückrundenduell gegen die Bayern aufbewahrt. Nach Pass seines kongenialen Sturmpartners Edin Dzeko lief Grafite im Strafraum zwischen Andreas Ottl und Christian Lell durch, umkurvte elegant Torwart Michael Rensing und schob noch eleganter im Vorwärtslaufen mit der rechten Hacke seitlich aus sieben Metern ins Tor ein. Hatte es noch eines Beweises bedurft, dass Wolfsburg in dieser Saison eine kurzzeitige Wachablösung im Bundesliga-Geschäft vorgenommen hatte: Hier war er. Acht Spieltage später war Wolfsburg Meister, Bayern Zweiter, und Grafite wurde »Fußballer des Jahres«.

::: 0:2 ::: 34. Minute :::

Gheorghe Hagi

RUMÄNIEN

18. Juni 1994, Rose Bowl, Pasadena (USA)
WM-Vorrunde, Gruppe A, Kolumbien – Rumänien 1:3

::: Kolumbiens Torhüter Oscar Eduardo Cordoba machte in der 34. Minute des Vorrundenspiels gegen Rumänien keine gute Figur. Nahe der Seitenlinie, aus ungefähr 30 Metern Torentfernung hatte der Rumäne Gheorghe Hagi (vulgo: »Karpaten-Maradona«) einen schnellen Heber abgedrückt. Wie ein Torero, der kunstvoll dem Stier ausweicht, breitete Cordoba seine Arme aus. Doch leider war hinter ihm nicht Aus, sondern sein Tor. – Künstlerpech? Nicht ganz, denn Hagi hatte Cordoba zuvor im Spiel mit einem Distanzschuss schon einmal auf die Probe gestellt, da hatte der Schlussmann aber so gerade noch die Hand an den Ball bekommen. Die Partie gegen – immerhin – Pelés Titel-Geheimfavoriten Kolumbien war Hagis größtes Spiel. Neben seinem Tor gab der 29-Jährige die beiden Vorlagen zu den Toren von Florin Raducioiu. Dabei wäre Hagi, der in Italien mit seinem Club Brescia gerade den Aufstieg in die Serie A geschafft hatte, fast gar nicht in den USA dabei gewesen. Zweieinhalb Monate vor der WM hatte er einem irischen Gegenspieler bei einer Niederlage in Dublin ins Gesicht gespuckt, und er hatte eine Spielerrevolte gegen den Verband wegen der WM-Prämien angeführt. Es gab viele Stimmen in Rumänien, die forderten, der unmögliche Hagi solle zu Hause bleiben. Nach diesem Spiel sagte keiner mehr irgendetwas.

Dietmar Hamann

DEUTSCHLAND

7. Oktober 2000, Wembley Stadium, London (England)
Länderspiel, England – Deutschland 0:1

::: 0:1 ::: 14. Minute :::

::: Es war schon eine gewagte Sache, das letzte Spiel der englischen Nationalmannschaft im alten Wembley gegen Deutschland austragen zu lassen. Denn in bedeutsamen Spielen gegen die »Krauts« – 1966 einmal ausgenommen – war es für die Mannschaft mit den drei Löwen auf der Brust immer schlecht gelaufen. So auch diesmal. Man habe, schrieb der *Guardian*, dem tüchtigen Fußballer Dietmar Hamann im Mittelfeld so viel Platz gelassen, dass der zu einem – da wurden böse Erinnerungen an 1972 wach – neuen Günter Netzer habe werden können. Tatsächlich hatte Hamann zeitig in dieser Partie mit einem schmucklosen Freistoß aus 25 Metern flach über den nassen Rasen das einzige Tor erzielt. Die Mauer der Engländer stand nicht, Paul Scholes fälschte leicht ab, Keeper David Seaman hielt nicht. Etwas mehr als 77 Jahre zuvor, am 23. April 1923, war Wembley offiziell eröffnet worden, nach Hamanns Tor wurde es abgerissen und ein neues Stadion an anderer Stelle gebaut. Dieses kann über eine Brücke erreicht werden, für die via Internet nach einem Namen gesucht wurde. Weil viele Deutsche mitmachten, lautete der populärste Vorschlag in Erinnerung an das letzte Tor im alten Stadion »Dietmar Hamann Bridge« – die Verantwortlichen entschieden sich dagegen.

::: 2:1 ::: 48. Minute :::

Thomas Häßler

DEUTSCHLAND

15. November 1989, Müngersdorfer Stadion, Köln
WM-Qualifikationsspiel, Deutschland – Wales 2:1

::: Sechs Tage vor diesem wichtigen Spiel gegen Wales war in Berlin die Mauer gefallen. Gegen die Briten half im letzten Qualifikationsmatch zur Weltmeisterschaft in Italien nur ein Sieg. Die Niederländer würden sich den Gruppengewinn im parallel stattfindenden Heimspiel gegen Finnland nicht nehmen lassen, aber Deutschland brauchte beide Punkte, um als einer der beiden punktbesten Gruppenzweiten zur WM zu kommen. Schwer sollte es gegen die Waliser eigentlich nicht werden, sie hatten noch kein Spiel in dieser Qualifikation gewinnen können. In Köln aber führten sie trotz deutscher Überlegenheit mit 1:0 durch Malcolm Allen, Rudi Völler gelang der Ausgleich, und Wales traf zweimal den Pfosten. In der Pause war es still in der deutschen Kabine, selbst Teamchef Franz Beckenbauer verhielt sich ruhig. Pierre Littbarski, der in seiner Wahlheimat den verletzten Lothar Matthäus als Kapitän vertrat, sagte: »Jungs, noch 45 Minuten bis Italien!« Drei Minuten später umspielte er auf links zwei Waliser, flankte, Klinsmann verlor sein Kopfballduell, doch hinten, zwölf Meter vor dem Tor, stand der Kölner »Icke« Häßler und schoss den Ball in »seinem« Stadion volley mit dem schwächeren linken Fuß ein. Ein gutes halbes Jahr später wurde Deutschland in Rom Weltmeister.

Thomas Häßler

DEUTSCHLAND

21. Juni 1992, Råsundastadion, Stockholm (Schweden)
EM-Halbfinale, Schweden – Deutschland 2:3

::: Aus dem Doppelpass zwischen Karl-Heinz Riedle und Jürgen Klinsmann wurde nichts, weil ein schwedischer Abwehrspieler Riedle umstieß. Freistoß entschied der italienische Schiedsrichter Tullio Lanese. Im Fernsehen sagte der neben Gerd Rubenbauer sitzende ARD-Co-Kommentator Karl-Heinz Rummenigge: »Das wird ein Fall für unseren kleinen Thomas Häßler. Das ist genau seine Entfernung.« Häßler, da hatte Rummenigge gut aufgepasst, hatte schon im ersten Endrundenspiel der Deutschen neun Tage zuvor in Norrköping gegen die vorübergehende Sowjetunion-Nachfolgerin GUS aus etwas kürzerer Distanz einen Freistoß verwandelt. Er legte sich den Ball 23 Meter vor dem Tor zurecht. Gegen die GUS hatte er den Ball rechts an der Mauer vorbei in den Winkel geschlenzt. Jetzt folgte ein superkurzer Anlauf, fast aus dem Stand geschossen, ein schneller Ball, zu schnell für die schwedische Abwehrmauer, die das Hochspringen versäumte. Da senkte sich der Ball schon wieder und schlug im unteren Drittel des Tores ein. Schwedens Torhüter Ravelli, der seiner Körpersprache nach damit gerechnet hatte, dass der Ball an seinem Tor vorbeiziehen würde, staunte mit offenem Mund, der Rest Europas auch.

Thomas Helmer

FC BAYERN MÜNCHEN

23. April 1994, Olympiastadion, München

Bundesliga, 32. Spieltag, FC Bayern München – 1. FC Nürnberg 2:1

::: Heute ist Thomas Helmer Moderator von Sportsendungen im Privatfernsehen. Er analysiert Spiele, spricht über Hintergründe, und doch wird man das Gefühl nicht los, Thomas Helmer sagt längst nicht alles, was er weiß. Das war am drittletzten Spieltag der Bundesliga-Saison 1993/94 im Heimspiel gegen den 1. FC Nürnberg nicht anders. Damals war Helmer Abwehrspieler beim FC Bayern München, und in der 26. Minute des bayrisch-fränkischen Derbys kam es zu einer Ecke für die Bayern. Die wurde an den langen Außenpfosten verlängert, wo Helmer stand. Der stocherte nach dem Ball, wodurch dieser knapp am Tor von Andreas Köpke vorbeikullerte. Schiedsrichter-Assistent Jörg Jablonski entschied gleichwohl auf Tor. Schiedsrichter Hans-Joachim Osmers folgte seinem Assistenten. Nürnberg vergab noch einen Elfmeter. Die Bayern gewannen 2:1. Und Thomas Helmer sagte: »Ich habe es nicht gesehen.« Nach Ansicht der Fernsehbilder annullierte der DFB das Spiel, legte ein Wiederholungsspiel fest, das Nürnberg mit 0:5 verlor. Hätten die Franken in München einen Punkt geholt, wären sie nicht abgestiegen – und der deutsche Meister hätte nicht FC Bayern, sondern 1. FC Kaiserslautern geheißen.

::: 2:0 ::: 90. Minute :::

Bernd Hölzenbein

EINTRACHT FRANKFURT

7. November 1980, Waldstadion, Frankfurt/Main
UEFA-Pokal, 2. Runde, Rückspiel, Eintracht Frankfurt – Dinamo Bukarest 3:0 n. V.

::: In seiner Laufbahn hatte der Fußballer Bernd Hölzenbein zwei besonders erinnernswerte Momente. Der eine war die umstrittene Szene im WM-Finale 1974 gegen die Niederlande, die Deutschland einen Elfmeter, den Ausgleich zum 1:1 und schließlich den WM-Titel mitbesorgte. Die andere große Szene von Hölzenbein fand im Sitzen statt. »20 seconds«, antwortete der Schiedsrichter auf die Frage von Frankfurts Kapitän Jürgen Grabowski, wie lange er denn gegen Dinamo Bukarest noch nachspielen lassen werde. 20 Sekunden bleiben, um ein Tor zu erzielen und die Verlängerung in diesem Zweitrundenrückspiel des UEFA-Pokals zu erreichen. Willi Neuberger schlägt eine Flanke, Charly Körbel köpft eine harmlos wirkende Bogenlampe, Dinamos Schlussmann Stefan, der bis dato überdurchschnittlich gehalten hatte, will den Ball im Torraum locker aus der Luft aufnehmen. Auch der angerutscht kommende Bernd Hölzenbein hat den Ball und das Match schon aufgegeben. Doch der nasse Ball springt auf Stefans linken Arm und fällt von dort herab – der sitzende »Holz« reckt seinen Kopf gegen den Ball und köpft zum 2:0 ein. Die Eintracht gewinnt die Verlängerung durch ein Tor von Bernd Nickel und am Saisonende auch den UEFA-Pokal im Finale gegen Borussia Mönchengladbach.

Dieter Hoeneß

FC BAYERN MÜNCHEN

1. Mai 1982, Waldstadion, Frankfurt/Main
DFB-Pokal-Finale, FC Bayern München – 1. FC Nürnberg 4:2

::: Es war ohnehin kein normales Pokalfinale, es war das bayrisch-fränkische Derby zwischen dem FC Bayern München und dem 1. FC Nürnberg. Für den Außenseiter lief es bestens, 2:0 führte der Club nach Toren von Reinhold Hintermaier und Werner Dreßel zur Pause. Da war fast ein wenig in Vergessenheit geraten, dass in der 13. Minute Bayerns Stürmer Dieter Hoeneß und Nürnbergs Stopper Alois Reinhardt bei einem Luftduell mit den Köpfen aneinandergeprallt waren. Hoeneß hatte stark geblutet, die Wunde konnte erst in der Halbzeit mit zwei Stichen ohne Betäubung genäht werden. Auf Anweisung von Mannschaftsarzt Müller-Wohlfahrt trug der Stürmer einen monströsen Verband, der später als »Turban« in die Geschichte eingehen sollte. Auch nach der Pause blieb der blutdurchtränkte Turban am Kopf von Hoeneß, was eklig aussah, Hoeneß aber nicht kümmerte. Zunächst bereitete er das 1:2 durch Karl-Heinz Rummenigge vor – per Kopf. Am Ende traf er selbst zum Endstand von 4:2 – erneut per Kopf. Schmerzen, sagt Hoeneß heute, habe er damals nicht verspürt. In Bewahrung des Turban-Kults gründete sich 1983 in Bielefeld eine Freizeitmannschaft namens »Dieter Hoeneß Hirnverband«. Die nahm 2010 erstmals an der deutschen Alternativfußballmeisterschaft in Aachen teil.

Horst Hrubesch

DEUTSCHLAND

22. Juni 1980, Stadio Olimpico, Rom (Italien)
EM-Finale, Belgien – Deutschland 1:2

::: Nach Vorarbeit von Bernd Schuster hatte Horst Hrubesch in der zehnten Minute dieses Endspiels schon das 1:0 mit einem satten Schuss erzielt. Weshalb man den wegen einer Zementallergie auf Dachdecker umgeschulten Fliesenleger auch »das Kopfballungeheuer« rief, sollten die Zuschauer erst kurz vor Schluss des Spiels sehen können. Bundestrainer Jupp Derwall hatte den 29-jährigen Hrubesch zunächst gar nicht mitnehmen wollen, doch als sich Klaus Fischer acht Wochen vor Turnierbeginn das Bein brach, nominierte Derwall den HSV-Stürmer nach. Vor dem letzten EM-Gruppenspiel gegen Griechenland hatten Hrubesch und einige Mitspieler eine Papst-Audienz. »Da hat er plötzlich in unsere Richtung gewunken und zwei Finger wie zum Victory-Zeichen gehoben«, erzählte Hrubesch später. Ein Journalist meinte zu Hrubesch: »Horst, das heißt: Du sollst zwei Dinger machen.« Nach dem 0:0 gegen die Griechen sagte Hrubesch dem Journalisten: »Es kann doch nicht sein, dass der Papst auch noch lügt.« Und so schraubte sich der Stürmer in der 89. Minute des Finales nach einer Ecke von Karl-Heinz Rummenigge am Fünfmeterraum hoch, drückte seinen mächtigen Schädel in den Ball und machte sein zweites Tor. Deutschland war zum zweiten Mal Europameister.

::: 1:0 ::: 11. Minute :::

Horst Hrubesch

DEUTSCHLAND

25. Juni 1982, El Molinón, Gijón (Spanien)
WM-Vorrunde, Gruppe 2, Deutschland – Österreich 1:0

::: Micki Meuser hatte es vorher schon gewusst. Unter dem Pseudonym »Die Linienrichter« hatte der Kölner Musikproduzent vor der WM in Spanien eine Art von Rap mit dem Titel »Olé Alemannia« veröffentlicht, Textauszug: »Algerien, Algerien – die schicken wir in die Ferien«. Tatsächlich sollte die deutsche Nationalmannschaft Algerien aus dem Turnier werfen, aber das Wie hatte sich sicher auch Micki Meuser anders vorgestellt. Die Konstellation wollte es, dass im letzten Gruppenspiel in Gijón Jupp Derwalls Mannschaft auf Österreich traf und ein knapper deutscher Sieg beiden Mannschaften reichte, um die nächste Runde zu erreichen. Die Algerier hatten tags zuvor 3:2 gegen Chile gewonnen, seither finden die letzten Spiele einer WM-Gruppe stets parallel statt. Hrubeschs Kopfballtreffer in der 11. Minute nach Flanke von Pierre Littbarski leitete jene Katastrophe ein, die später in einem Ball-hin-und-her-Geschiebe im Mittelfeld (»Nichtangriffspakt«) mündete und an deren Ende algerische Fans auf der Tribüne des Stadions von Gijón mit dem Zeigen von Geldscheinen ihre Meinung kundtaten. Der Reporter Eberhard Stanjek, der das Spiel für die ARD kommentierte, nannte das Verhalten beider Mannschaften »schändlich« und blieb bis zum Abpfiff stumm.

Geoff Hurst

ENGLAND

30. Juli 1966, Wembley Stadium, London (England)
WM-Finale, England – Deutschland 4:2 n. V.

::: Jahrzehntelang war es eines der umstrittensten Tore der Fußballgeschichte, was auch darin seinen Ausdruck fand, dass das Tor einen eigenen Namen erhielt: Wembleytor. Die Hauptdarsteller dieser entscheidenden Situation des WM-Finals von 1966 waren: der Ball, die Latte, Schütze Geoff Hurst, die Torlinie und der Linienrichter Tofik Bachramow aus Aserbaidschan. Der Schweizer Schiedsrichter Gottfried Dienst konsultierte umgehend seinen Kollegen Bachramow, ob Hursts Ball nicht nur in vollem Umfang hinter dem deutschen Torwart Hans Tilkowski, sondern auch hinter der Torlinie gewesen war. Der Dialog zwischen den beiden Unparteiischen wurde durch die Tatsache erschwert, dass die beiden keine gemeinsame Sprache hatten, in der sie sich hätten besprechen können. So deutete Bachramow mit großer Geste Richtung Mittellinie und gab ein Tor, das keines war. Das übrigens fanden Wissenschaftler der Universität Oxford in den 1990er-Jahren heraus: Sechs Zentimeter hatten gefehlt. »Nun, als der Ball von der Latte abprallte«, sagte Sir Geoff Hurst dem Fußball-Magazin *11 Freunde* unlängst, »hatte ich die schlechteste Sicht von allen im Stadion, deshalb bin ich wirklich die falsche Person, um das zu beurteilen. Ich habe immer geglaubt, dass er drin war.«

Zlatan Ibrahimović

SCHWEDEN

18. Juni 2004, Estádio do Dragão, Porto (Portugal)
EM-Vorrunde, Gruppe C, Italien – Schweden 1:1

::: Zlatan Ibrahimović ist kein einfacher Charakter, und so ist er auch kein Mann der einfachen, schlichten Tore, die man als Stürmer eben so reinmacht. Der Schwede, Sohn eines bosnischen Vaters und einer kroatischen Mutter, aufgewachsen in einem Malmöer Migrantenviertel, ist der letzte große Exzentriker des Spiels. »Jetzt lasse ich den Fußball sprechen«, hatte der 22-Jährige vor Beginn des EM-Turniers in Portugal versprochen. In der 13. Minute hatte Ibrahimović noch freistehend über das Tor seines künftigen Mannschaftskollegen bei Juventus Turin, Gianluigi Buffon, geschossen. 72 Minuten später machte es der Schwede dann besser, viel besser, großartig, einzigartig. Im Stile eines Eiskunstläufers schraubte sich der Schlaks mit dem Rücken zum Tor hoch, lupfte seine Ferse und damit den Ball über Buffon in den Winkel. Die Führung der Italiener durch Antonio Cassano (39.) war ausgeglichen und die Schweden so gut wie im Viertelfinale. Für die Italiener, das wussten sie zu diesem Zeitpunkt allerdings noch nicht, bedeutete der Treffer Ibrahimovićs das Ende ihrer EM-Träume. Weil Schweden und Dänen im letzten Gruppenspiel aufeinandertrafen und beiden ein Unentschieden zum Weiterkommen reichte, konnten die Italiener gegen die Bulgaren schließlich spielen, wie sie wollten.

CANNAVARO
5

Andrés Iniesta

FC BARCELONA

6. Mai 2009, Stamford Bridge, London (England)

Champions League, Halbfinale, Rückspiel, FC Chelsea – FC Barcelona 1:1

::: Exakt 92:07 Minuten sind gespielt an der Stamford Bridge, dem Stadion des FC Chelsea, seit einer halben Stunde spielt der Gast aus Barcelona wegen des Platzverweises gegen Éric Abidal nur noch zu zehnt. Chelsea führt durch Mikael Essien und steht im Finale. Da nimmt Andrés Iniesta einen Querpass seines Mitspielers Lionel Messi direkt und schießt wuchtig über Michael Ballack hinweg zum 1:1 ein. Es war Barças erster Torschuss in diesem Halbfinalrückspiel, und er bedeutete das Aus für Chelsea. »Der Fußball liebt den Fußball«, sagte Barcelonas Präsident Joan Laporta, der dabei wohl eher des 6:2-Siegs gegen den Erzrivalen Real Madrid vier Tage zuvor gedachte als ausgerechnet dieses Abends, an dem Barça, vorsichtig formuliert, stockte. Und einen unparteiischen Helfer hatte. Denn Schiedsrichter Tom Henning Øvrebø verweigerte Chelsea in diesem Spiel Elfmeter. Didier Drogba nannte den Norweger eine »Schande«. Der Weltenbummler-Trainer Guus Hiddink gab zu Protokoll: »Das war die schlechteste Schiedsrichterleistung, die ich je erlebt habe. Wir hätten vier Elfmeter kriegen müssen.« Zwei der geforderten vier hätte man geben müssen, tat Øvrebø aber nicht. Stattdessen soll der studierte Psychologe nach dem Spiel einem UEFA-Menschen gegenüber »schwerwiegende Fehler« eingeräumt haben. Barça und Iniesta scherte das wenig.

::: 1:1 ::: 90. Minute :::

Andrés Iniesta

SPANIEN

11. Juli 2010, Soccer City, Johannesburg (Südafrika)
WM-Finale, Niederlande – Spanien 0:1 n. V.

::: In diesem Finale waren die Niederländer, wie früher einmal Deutschland war. Kein überzeugendes Spiel, stattdessen ist es der reine Wille, der die Mannschaft von Bondscoach Bernd van Marwijk gegen den Europameister im Spiel hält, gepaart mit einer beängstigenden Geschlossenheit. Noch beängstigender ist allerdings, mit welcher Härte die einst so filigranen Niederländer auftreten. Acht der 13 Gelben Karten gehen auf ihr Konto, die gegen van Bommel und Nigel de Jong hätten eigentlich auch Rote Karten sein müssen. In der 109. Minute fliegt dann doch ein »Oranje« vom Platz, Johnny Heitinga sieht Gelb-Rot. Sieben Minuten später passt Cesc Fàbregas auf Andrés Iniesta, der aus sieben Metern mit dem rechten Vollspann verwandelt. Der heranfliegende Ersatzspieler Rafael van der Vaart, der diese Möglichkeit durch eine schlechte Abwehraktion hatte entstehen lassen, kann nichts mehr ausrichten, Torhüter Maarten Stekelenburg ist geschlagen. Spanien ist erstmals die beste Fußballmannschaft der Welt. Der amtierende Europameister ist auch Weltmeister. Das hatten zuvor nur Frankreich und Deutschland geschafft. »Wir werden euch glücklich machen«, hatte Iniesta der spanischen Bevölkerung vor dem Finale versprochen. Iniesta pflegt Wort zu halten.

Josimar

BRASILIEN

12. Juni 1986, Estadio Jalisco, Guadalajara (Mexiko)
WM-Vorrunde, Gruppe D, Nordirland – Brasilien 0:3

::: Seit der 15. Minute führen die Brasilianer im letzten Vorrundenspiel gegen Nordirland durch Careca mit 1:0. Die Partie schnurrt gemütlich gen Pausentee, ein langsam vorgetragener Angriff der Brasilianer, ein Pass auf halbrechts heraus auf den aufgerückten Verteidiger Josimar. Für den verletzten Leonardo nachnominiert, kommt er zu seinem ersten Einsatz in der Seleção, weil sich Edson im Spiel zuvor gegen Algerien verletzt hat. Josimar tippelt ein paar Schritte und lässt aus 22 Metern einen gewaltigen Schuss vom Stapel, der links oben ins Toreck kracht. Der 41-jährige Keeper Pat Jennings, für den es das letzte Spiel im nordirischen Nationaldress sein wird, macht erst gar keine Anstalten, diesen Ball noch zu halten. Dank eines weiteren Treffers gegen Polen wird Josimar, der Kicker aus dem Mittelklasseverein Botafogo, zum neuen Star der Seleção. Von der FIFA wird er zum besten Rechtsverteidiger des Turniers gewählt, er wechselt zum großen Rio-Ortsrivalen Flamengo. Doch mit dem Ruhm, dem Geld und den vielen hübschen Frauen kommt Josimar nicht zurecht. Vor dem totalen Absturz bewahrt ihn der aus der Bundesliga bekannte Jorginho, er gibt Josimar in seiner Kinder-Fußballschule einen Job.

Oliver Kahn

FC BAYERN MÜNCHEN

3. März 2001, Ostseestadion, Rostock
Bundesliga, 24. Spieltag, FC Hansa Rostock – FC Bayern München 3:2
Gelb-Rot, Oliver Kahn (90. Minute)

::: Es war unfasslich schlecht von Bayern München gewesen. Sogar die verlässlichsten Spieler – Jens Jeremies, Thomas Linke, Stefan Effenberg – hatten den Rostockern mit haarsträubenden Fehlern drei Tore ermöglicht. Seit drei Spielen war der deutsche Rekordmeister in der Bundesliga sieglos, hatte mit der Niederlage im Ostseestadion die Tabellenspitze eingebüßt und mit dem Platzverweis von Oliver Kahn auch den Höhepunkt in Sachen Unterhaltung gesetzt. Beim Spielstand von 3:2 für Hansa war Kahn in den gegnerischen Strafraum eingedrungen und hatte den Ball im Anschluss an eine Ecke von Effenberg mit beiden Fäusten ins Rostocker Tor geboxt. Nachdem Schiedsrichter Merk Kahn zwölf Minuten zuvor mit Gelb verwarnt hatte, weil er den Ball in die Ränge geschossen hatte, gab es für die Torboxeinlage jetzt Gelb-Rot. »War doch ein schönes Tor«, sagte Kahn am Tag danach, »ich dachte, ein Torhüter dürfe im Strafraum die Hände benutzen.« – Auch Bayern-Trainer Ottmar Hitzfeld war verwirrt. Unmittelbar nach dem Spiel hatte er gesagt: Die Tat »spricht nur für seinen unbändigen Siegeswillen«. Keine 24 Stunden später hieß es dann: »Ich habe kein Verständnis für diese Aktion.«

::: 2:0 ::: 40. Minute :::

Jürgen Klinsmann

DEUTSCHLAND

10. Juni 1990, Stadio Giuseppe Meazza, Mailand (Italien)
WM-Vorrunde, Gruppe D, Deutschland – Jugoslawien 4:1

::: Für Jürgen Klinsmann, Andreas Brehme und Lothar Matthäus war es bei dieser Weltmeisterschaft das erste von fünf Heimspielen in Serie. Die drei Deutschen standen bei Inter Mailand unter Vertrag, und die Nationalmannschaft durfte in Inters Heimstätte antreten, dem Giuseppe-Meazza-Stadion; das übrigens in Mailand alle nur mit seinem alten Namen benennen: San Siro. Erst fürs Halbfinale gegen England musste Deutschland reisen – ins keine zwei Autostunden entfernte Turin. Neben Tausenden deutscher Schlachtenbummler waren also auch viele Inter-Fans unter den 74 765 Zuschauern im San Siro, die sich für den Auftakt von Franz Beckenbauers Mannschaft gegen die als zumindest nicht ungefährlich vermuteten Jugoslawen interessierten. Es dauerte eine knappe halbe Stunde, da bejubelten Deutschland- wie Inter-Fans das erste Tor für ihren »Verein«: Lothar Matthäus traf zum 1:0. Elf Minuten später sahen sie die nächste Inter-Deutschland-Kombination. Der in diesem Turnier in Bestform befindliche Andreas Brehme flankte zum wiederholten Mal von links in den Strafraum, wo Jürgen Klinsmann sich am vorderen Eck des Fünfmeterraums waagerecht in die Luft warf und den Ball mit der Stirn unhaltbar für Tomislav Ivkoviç ins lange Eck wischte.

Jürgen Klinsmann

VfB STUTTGART

14. November 1987, Neckarstadion, Stuttgart
Bundesliga, 16. Spieltag,
VfB Stuttgart – FC Bayern München 3:0

::: Dies ist das Tor, das dem Spieler Jürgen Klinsmann erstmals weltweite Beachtung bescherte. Einer dieser sogenannten magischen Momente, die ein Leben verändern. Der Fallrückzieher des damals 23-Jährigen gegen Bayern München nach einer Kombination, die zu diesem Spiel passte, das der VfB Stuttgart gegen den Südrivalen von der ersten Minute an bestimmte. Asgeir Sigurvinsson hatte den Ball auf den rechten Flügel verteilt, wo Günther Schäfer ihn volley auf den im Strafraum postierten Klinsmann weiterleitete. Dessen Gegenspieler Hans Pflügler hatte mit so einer fix-eleganten Staffette nicht gerechnet, und als sich der Abwehrspieler zu Klinsmann umdrehte, kreiste dessen Körper schon ästhetisch durch die Luft. Dann traf Klinsmann in den Winkel. Das Tor wurde, weil es gegen den FC Bayern gefallen war, in vielen Ländern gezeigt. Das Interesse internationaler Clubs an dem blonden Bäckergesellen stieg folglich immens an. Auch DFB-Teamchef Franz Beckenbauer war die Klasse des Stuttgarter Stürmers nicht entgangen. Keinen Monat nach seinem Fallrückzieher stand Klinsmann erstmals für die Nationalmannschaft auf dem Feld, gegen Brasilien. Am Ende der Saison wurde er mit 19 Toren Torschützenkönig der Bundesliga. Im Jahr darauf verließ er den VfB und wechselte in die weite Fußballwelt zu Inter Mailand, AS Monaco und Tottenham.

BAYERN MÜNCHEN
3

Friedhelm Konietzka

BORUSSIA DORTMUND

24. August 1963, Weserstadion, Bremen
Bundesliga, 1. Spieltag,
Werder Bremen – Borussia Dortmund 3:2

::: 35 Sekunden war die Bundesliga alt, da hatte sie ihren ersten Torschützen. Borussia Dortmunds Stürmer Friedhelm Konietzka – halbtags noch als Laternenputzer im Auftrag der Dortmunder Stadtwerke aktiv – hatte für den Deutschen Meister gegen Werder Bremen getroffen. Der Anstoß war auf Dortmunds Fritz Brungs gegangen, der den Ball auf links und damit in den Lauf von Lothar Emmerich weiterleitete. »Emma« lief bis zur Torlinie herunter, flankte nach innen – Konietzka hielt den rechten Fuß hin (»Ich war da ungefähr zwischen elf und fünf Metern, genau weiß ich das nicht mehr«): Das war das. Und obendrauf gab es noch einen satten Tritt vom Bremer Abwehrspieler Max Lorenz in die Achillessehne. Freuen konnten sich Konietzka und seine Teamkollegen über den historischen Moment, der übrigens von keiner Kamera festgehalten wurde, nicht. Die Fotografen hätten, behauptete Konietzka mal, allesamt hinter dem Dortmunder Tor gesessen, weil die Bremer als Favorit ins Spiel gegangen waren. Am Ende gewann Werder tatsächlich auch mit 3:2 – trotz eines weiteren Konietzka-Treffers in der 90. Minute. Als Erinnerungsstück bewahrt Konietzka den Schuh auf, mit dem er das erste Bundesliga-Tor erzielte – das gute Stück ist vergoldet.

Hans Krankl

ÖSTERREICH

21. Juni 1978, Estadio Olímpico Chateau Carreras, Córdoba (Argentinien)
WM, 2. Runde, Gruppe A, Österreich – Deutschland 3:2

::: Vermutlich, aber da muss man die Österreicher fragen, gibt es in der österreichischen Fußballgeschichte keinen Treffer, der schöner und wichtiger war als dieser. Uns Deutschen, 1978 Titelverteidiger, bescherte das Siegtor des Wieners Hans Krankl nicht nur den zeitigen Abschied von der WM in Argentinien, sondern auch auf ewig die Person des bis dahin hier völlig unbekannten Hörfunkreporters Edi Finger (»Krankl schießt ein – I werd' narrisch«). Der große österreichische Mittelfeldspieler Herbert »Schneckerl« Prohaska hat über dieses Spiel, das im Nachbarland zu einem ungeheuren Mythos anwuchs, einmal gesagt: »Córdoba war nur ein Spiel. Wichtig war es für Hans Krankl.« Dazu muss man wissen, dass der zweifache Torschütze – das erste Tor für die Österreicher hatte kein Geringerer als Berti Vogts besorgt – der große Gegenspieler von Prohaska war. Krankl wechselte nach Córdoba zum FC Barcelona, Prohaska ging später zur Roma, der 1994 verstorbene Bruno Pezzey (Eintracht Frankfurt) spielte wie Josef Hickersberger (Fortuna Düsseldorf) in Deutschland. »Die Deutschen«, hat Krankl zum 25-jährigen Jubiläum von Córdoba erzählt, »haben untereinander von Beginn an auf dem Spielfeld gestritten. Da habe ich gewusst: Heute geht etwas.«

::: 1:0 ::: 6. Minute :::

Philipp Lahm

DEUTSCHLAND

9. Juni 2006, FIFA-WM-Stadion, München

WM-Vorrunde, Gruppe A, Deutschland – Costa Rica 4:2

::: Das sogenannte Sommermärchen beginnt für das deutsche Team bereits nach sechs Minuten im Eröffnungsspiel der Weltmeisterschaft im eigenen Land. Über Torsten Frings und Tim Borowski kommt der Ball zu Bastian Schweinsteiger, der ihn jedoch mit ausgestrecktem Bein nicht hinreichend kontrollieren kann. Ein costa-ricanischer Abwehrspieler geht noch mit dem Fuß dazwischen, dennoch landet der Ball um ein Haar bei Klose. Doch mit seinem linken Fuß kann Innenverteidiger Douglas Sequeira den Ball erst einmal ins Niemandsland auf der linken deutschen Angriffsseite rauswurschteln. Dort tritt dann jedoch der deutsche Verteidiger Philipp Lahm ins Bild. Der 22-Jährige spielte mit einer Manschette, weil er sich in einem Freundschaftsspiel in Brandenburg dreieinhalb Wochen zuvor einen Teilabriss der Sehne im linken Ellenbogen zugezogen hatte. Doch das interessiert Lahm jetzt nicht. Mit einer schlichten Körpertäuschung narrt er zwei Costa-Ricaner, zieht nach innen und lässt dann mit seinem rechten Fuß vom linken Strafraumeck einen langgezogenen Schlenzer los, der in den Winkel des gegnerischen Tores fliegt. Es war Lahms zweites Tor für die Nationalmannschaft, das erste von insgesamt elf deutschen Turniertoren. Deutschlands 4:2-Sieg ist das torreichste Eröffnungsspiel einer WM bis heute.

Frank Lampard

ENGLAND

27. Juni 2010, Free-State-Stadium, Bloemfontein (Südafrika)
WM-Achtelfinale, Deutschland – England 4:1

::: Fast 44 Jahre musste Fußballdeutschland warten, bis ihm endlich Gerechtigkeit widerfuhr. Als der englische Nationalspieler Frank »Fat Frank« Lampard im Stadion von Bloemfontein aufs Tor von Manuel Neuer schlenzte, der Ball von der Unterkante der Latte hinunterfiel und alle – bis auf Schiedsrichter Jorge Larrionda aus Uruguay und dessen Linienhelfer – gesehen hatten, dass der Ball deutlich hinter der Linie war. Larriondas Assistent Mauricio Espinosa hatte seinem Chef Weiterspielen bedeutet, gestand aber später der spanischen Zeitung *El País*: »Es war ein sehr schneller Schuss, den ich nicht richtig gesehen habe, obwohl ich an der richtigen Stelle stand. In der Halbzeit haben wir keine Wiederholung gesehen, aber man konnte erahnen, was passiert war. Erst als wir das Spiel später im Fernsehen sahen, realisierten wir, was geschehen war.« Es wäre nach dem Tor von Matthew Upson ein Doppelschlag für England gewesen, und einer, der das Spiel hätte kippen können. So aber schlug Deutschland England wie immer bei Weltmeisterschaften – bis auf das eine Mal. 1966, als Hurst in Wembley dieses Tor schoss, das keines war.

::: 2:2 ::: 90. Minute :::

Jens Lehmann

FC SCHALKE 04

19. Dezember 1997, Westfalenstadion, Dortmund

Bundesliga, 20. Spieltag, Borussia Dortmund – FC Schalke 04 2:2

::: Es war ein Freitag im Dezember, fünf Tage noch bis Weihnachten, als im ausverkauften Dortmunder Westfalenstadion Bundesliga-Geschichte geschrieben wurde. 55 000 Zuschauer waren zum 52. Derby zwischen Borussia Dortmund und dem FC Schalke 04 gekommen. Es war eine hitzige Angelegenheit, die in der 79. Minute erledigt zu sein schien: Andreas Möller (damals noch in Schwarzgelb) hatte den BVB mit einem sehr ansehnlichen Freistoß zum 2:1 auf die Siegerstraße gebracht. In der Nachspielzeit bekam Schalke unberechtigt einen Eckball zugesprochen. Dem Essener Schiedsrichter Jürgen Jansen und seinem Linienrichter Dirk Margenberg war entgangen, dass nicht der Dortmunder Heiko Herrlich, sondern Schalkes Belgier Marc Wilmots den Ball über die Torauslinie bugsiert hatte. Torhüter Jens Lehmann (damals noch in Königsblau) machte sich in den gegnerischen Strafraum auf. Der Eckball schien abgewehrt, wurde dann aber von Wilmots am Elfmeterpunkt noch einmal grob Richtung Dortmunder Tor geschlagen. Kein guter Versuch. Doch plötzlich tauchte das orangefarbene Trikot von Lehmann auf, der seinen Kopf im Fünfmeterraum an den Ball brachte und mit dem Ausgleich Bundesliga-Historisches leistete: den ersten Treffer eines Torhüters aus dem Spiel heraus.

Yordan Letchkov

BULGARIEN

10. Juli 1994, Giants Stadium, New York (USA)
WM-Viertelfinale, Bulgarien – Deutschland 2:1

::: Es war so ungerecht. Denn es blieb in diesem Spiel ausgerechnet dem kürzesten deutschen Spieler vorbehalten, das alles entscheidende Luftduell zu verlieren. Drei Minuten zuvor hatte Bulgariens Superstar Hristo Stoitchkov mit einem direkt verwandelten Freistoß die Führung von Lothar Matthäus ausgeglichen. Jetzt sah Thomas Häßler die Flanke von Zlatko Yankov gen Elfmeterpunkt segeln, vielleicht überlegte er einen Augenblick zu lang, da war der für den Hamburger SV spielende, Häßler um 20 Zentimeter Körperlänge überragende Yordan Letchkov bereits an ihm vorbeigelaufen und hechtete einen Kopfball ins Tor von Bodo Illgner. Bulgarien, das Land, das noch nie in einer Endrunde über die Vorrunde hinausgekommen war und das sich erst in letzter Sekunde durch einen Auswärtstreffer in Paris gegen Frankreich für die WM hatte qualifizieren können, stand im Halbfinale. Nach der WM erhielt »Letsche«, der beim HSV kurz zuvor einen Vierjahresvertrag mit einem Jahressalär in Höhe von einer Million Mark unterschrieben hatte, nicht mehr viele Einsätze in der Bundesliga. Er wechselte zu Olympique Marseille, dann zu Beşiktaş Istanbul. 2003 wurde Yordan Letchkov Bürgermeister der bulgarischen Stadt Sliwen, sieben Jahre später enthob man ihn seines Postens. Der Vorwurf: Amtsmissbrauch.

ILLGNER
Coca-Cola
Gillette
JVC
DEO JVC
Canon
Energizer
SIELMINGEN
216

Reinhard Libuda

BORUSSIA DORTMUND

5. Mai 1966, Hampden Park, Glasgow (Schottland)
Europapokal der Pokalsieger, Finale, Borussia Dortmund – Liverpool FC 2:1 n. V.

::: Genau genommen ist das berühmteste Tor von Reinhard Libuda gar kein Tor von Reinhard Libuda. Denn die Bogenlampe aus 22 Metern, die der Dortmunder Außenstürmer in der Verlängerung gegen den FC Liverpool von halbrechts losgelassen hatte, fand ihren Weg ins Tor des englischen FA-Cup-Siegers nicht ganz ohne fremde Hilfe. Der Ball prallte vom linken Pfosten des Tores zurück, wo Liverpools Verteidiger Ron Yeats stand, nicht mehr ausweichen konnte und den Ball über die eigene Torlinie drückte. Bis zu diesem Moment hatte Libuda an diesem Abend nicht viel bewirkt, von seinen gefürchteten Dribblings, die wesentlicher Bestandteil der Siege gegen ZSKA Sofia, Atlético Madrid und zuletzt West Ham United gewesen waren, war nichts zu sehen, keine gescheiten Flanken. In der 106. Minute läuft Libudas Sturmpartner Siggi Held in den Liverpooler Strafraum, schießt, doch der herausgeeilte Torwart Tommy Lawrence wehrt ab, und der Abpraller landet bei Libuda: »Mit dem linken Auge bemerkte ich das leere Tor, da hab ich abgezogen. Als der Ball in der Luft war, spürte ich, der geht rein.« Vor dem Spiel hatte Liverpools Trainerlegende Bill Shankly noch gespottet: »Borussia who?« Jetzt hatte Dortmund den Favoriten bezwungen und war Deutschlands erster Europacupsieger.

Jörg Lipinski

ROT-WEISS ESSEN

12. September 1992, Georg-Melches-Stadion, Essen
DFB-Pokal, 2. Hauptrunde, Rot-Weiß Essen – FC Schalke 04 2:0

::: Lange hatte Schalke in diesem Pokalderby gegen den Amateur-Oberligisten aus Essen nicht viel zustande gebracht, RWE war nach 26 Minuten durch Predrag Crnogaj in Führung gegangen, und erst in den letzten 20 Minuten begann der von Udo Lattek trainierte Bundesligist sich gegen das Pokal-Aus zu stemmen. Kurz vor Schluss gab es eine Ecke für Schalke, die auf dem Kopf eines Essener Abwehrspielers landete, dann folgte ein weiter Befreiungsschlag – und der Auftritt von Schalkes Keeper Jens Lehmann. Denn der war weit aufgerückt, versuchte, den Ball äußerst ungeschickt mit dem rechten Unterschenkel zu stoppen. Dabei versprang der Ball direkt in den Lauf des Esseners Jörg Lipinski, der das Spielgerät mit seinem linken Innenrist mitnahm, es vorbei an Lehmann legte und dem auf das leere Tor zulaufenden Ball hinterhersprintete. Als Lipinski bemerkte, dass kein Schalker ihn verfolgte, stoppte er den Ball etwa einen Meter vor der Linie, riss die Arme hoch, ließ sich vom ganzen Stadion (mit Ausnahme der Schalker Anhänger natürlich) feiern und schob die Kugel nach fünf Sekunden Jubelpause mit links über die Linie.

Pierre Littbarski

1. FC KÖLN

25. April 1985, Müngersdorfer Stadion, Köln
Bundesliga, 20. Spieltag,
1. FC Köln – Werder Bremen 3:2

::: »Wurschteltore«, wie das Uwe Seeler mal genannt hat – angesichts eines der beiden Treffer von Gerd Müller beim 1970er-WM-Halbfinale gegen Italien –, sind besonders deshalb reizvoll, weil sie die Antithese zum Seit- oder Fallrückzieher, zum satten Vollspannschuss oder dem fein über die Mauer gedrechselten Freistoßtreffer sind. Wurschteltore entstehen nicht aus Kalkül, sie fallen aus dem Gewühl, wie auch dieses. Gegen den Meisterschaftsanwärter Werder Bremen hatte der 1. FC Köln an einem Donnerstagabend viel gutzumachen, das Hinspiel hatte der FC mit 2:6 verloren, führte in Müngersdorf aber schnell durch zwei Treffer von Klaus Allofs mit 2:0, Bremen kam auf 2:1 heran und drückte. Im Anschluss an einen Kölner Konter hatte Werders Schlussmann Dieter Burdenski den ersten Schuss von Littbarski gehalten, aber der kleine Kölner war wieder aufgestanden, hatte sich des vor ihm liegenden Balles erneut bemächtigt, und marschierte jetzt an der Torauslinie in den Fünfmeterraum. Dort stellten sich ihm Burdenski und Jonny Otten in den Weg. Kein Durchkommen? Doch. Im Rückwärtsfallen über den liegenden Burdenski lupfte Littbarski den Ball hoch zwischen dem Pfosten und dem Kopf eines Bremers hindurch.
Ja, auch Werders heutiger Trainer Thomas Schaaf hatte dieses Wurschteltor nicht verhindern können.

DOPPEL
DUSCH

Rabah Madjer

FC PORTO

27. Mai 1987, Praterstadion, Wien (Österreich)

Europapokal der Landesmeister, Finale, FC Porto – FC Bayern München 2:1

::: Rabah Madjer hatte mit »Deutschland« noch eine Rechnung offen. Bei der Weltmeisterschafts-Endrunde 1982 hatte er mit seinem Heimatland Algerien das kleinbürgerliche Derwall-Deutschland mit 2:1 geschlagen, dabei das 1:0 für die »Wüstenfüchse« erzielt und schließlich erleben müssen, wie Deutsche und Österreicher im entscheidenden letzten Gruppenspiel genau jenes Ergebnis zusammenkickten, das beiden Ländern den Einzug in die zweite Finalrunde und Algerien die Heimreise bescherte. Die Art und Weise, auf die sich Rabah Madjer fünf Jahre später bedankte, hätte schöner kaum sein können: Sein wunderbares Tor mit der Hacke gegen die Bayern (Deutschland) in Wien (Österreich) glich die Führung der Münchener durch einen Kopfball Ludwig Kögls aus und wurde damit zum berühmtesten Hackentor der Fußballgeschichte. Drei Minuten später brach Madjer auf dem linken Flügel durch, flankte auf Juary Filho, der volley den Siegtreffer erzielte. Madjer wurde Afrikas »Fußballer des Jahres«, nachdem er auch im Weltpokalfinale gegen Peñarol Montevideo aus Uruguay den Siegtreffer erzielt hatte und zum »man of the match« gekürt worden war. Die Prämie für Letzteres, ein Auto des Titelsponsors, verkaufte Madjer umgehend und teilte den Erlös unter seinen Mitspielern auf.

::: 1:0 ::: 9. Minute :::

Felix Magath

HAMBURGER SV

25. Mai 1983, Olympiako Athlitiko Kentro Athinon, Athen (Griechenland)
Europapokal der Landesmeister, Finale, Hamburger SV – Juventus Turin 1:0

::: Der Hamburger SV war klarer Außenseiter gegen Juventus Turin mit dessen Kopf Michel Platini, dem kongenialen Zbigniew Boniek sowie sechs Italienern, die im Vorjahr im Finale gegen Deutschland souverän den Weltmeistertitel geholt hatten. In der Anfangsphase des Spiels liefen sich die nervösen Hamburger Manfred Kaltz und Jürgen Groh fast um, ehe Groh den Ball ins linke Mittelfeld weiter auf Felix Magath passte. Die Nummer 10 des HSV hatte Platz, zog Richtung Strafraum, umspielte den hochspringenden Roberto Bettega, und kurz bevor Magath das Strafraumeck erreichte, sagte Kommentator Günter-Peter Ploog den 18,7 Millionen deutschen Fernsehzuschauern: »Schüsse aus dieser Distanz hat der HSV hier gestern Abend geübt.« Ploog hatte den Satz noch nicht beendet, da war der von Magath geschossene Ball bereits im Tor. Von der linken Ecke des Strafraums war die Kugel schnell über Juves Kapitän, Torhüter und Weltmeister Dino Zoff ins rechte obere Eck hineingeflogen. Es blieb der einzige Treffer dieses Endspiels. Zoff, der von Magaths mächtigem Schuss sichtlich überrascht worden war, sagte im Rückblick einmal: »Magath war der härteste Schlag meiner Karriere.« Die *Gazetta dello Sport* formulierte lyrischer: »Magath löschte die Weiß-Schwarzen wie billige Kerzen aus.«

Diego Maradona

ARGENTINIEN

22. Juni 1986, Estadio Azteca, Mexiko City (Mexiko)
WM-Viertelfinale, Argentinien – England 2:1

::: »Es war ein bisschen der Kopf von Maradona und ein bisschen die Hand Gottes.«

Diego Maradona auf der Pressekonferenz nach dem Spiel

»Ich will nicht ja oder nein sagen. Ich diskutiere Schiedsrichterentscheidungen nicht.«

Argentiniens Trainer Dr. Carlos Bilardo nach dem Spiel

»Diego ist so groß. Er wollte die Last eines regelwidrigen Tores nicht tragen, also schoss er gleich ein zweites hinterher.«

Maradonas Mannschaftskollege Jorge Valdano nach dem Spiel

»Im Gegensatz zu den meisten seiner Fußballerkollegen hat Maradona mehr Gefühl in Zehen und Füßen – und in seinen Händen auch.«

Die englische Boulevardzeitung »The Sun« nach dem Spiel

»Manchmal denke ich, dass ich das eine Tor, das erste, mehr genossen habe. Und heute kann ich auch das sagen, was ich damals nicht konnte. Damals nannte ich es ›Hand Gottes‹. Ein Scheißdreck war das die Hand Gottes, es war die Hand Diegos! Und es hat sich ein bisschen so angefühlt, als hätte ich den Engländern was aus der Tasche gestohlen.«

Diego Maradona in seinem Buch »El Diego« (2001)

»Wenn ich die Zeit zurückdrehen und die Geschichte neu schreiben könnte, dann würde ich das tun. Aber ich kann es nicht. Das Tor ist immer noch ein Tor. Wir haben die Weltmeisterschaft gewonnen, und ich war der beste Spieler der Welt.«

Diego Maradona in einem Interview mit dem englischen Boulevardblatt »The Sun« (2008)

Diego Maradona

ARGENTINIEN

22. Juni 1986, Estadio Azteca, Mexiko City (Mexiko)
WM-Viertelfinale, Argentinien – England 2:1

::: ... vier Minuten später, und als müsse er der Welt mit einem Supertor beweisen, dass er nicht nur ein mieser Betrüger, sondern eben doch der wirklich große Diego Armando Maradona ist, folgt dann dieses unfassliche Slalomtor. Auf den 60 Metern zum Tor lässt Maradona hintereinander die Engländer Stephen Hodge, Peter Beardsley, Peter Reid, Terry Butcher und Terry Fenwick einfach stehen. Zuletzt versetzt er noch Torhüter Shilton und schiebt ein. In Argentinien nennt man das »gambeta«: was die Mischung aus technischer Überlegenheit und dem Willen zur Finte beschreibt, zur Täuschung des Gegners. Ihn glauben zu machen, man habe etwas ganz anderes vor. Maradona ist der Großmeister der »gambeta«, und dieses Tor ist die Vollendung dieser Kunstform. Jahre später traf der damalige englische Nationalspieler und Torschütze zum 1:2, Gary Lineker, inzwischen für das englische Fernsehen tätig, Maradona zu einem Interview. Während des Gesprächs gestand Lineker Maradona: »Dieses zweite Tor war wahrscheinlich das erste und einzige Mal in meiner Karriere, dass ich mich fühlte, als müsse ich bei einem Treffer der gegnerischen Mannschaft applaudieren.«

Marcus Marin

FC ST. PAULI

26. Mai 2000, Millerntorstadion, Hamburg

2. Bundesliga, 34. Spieltag, FC St. Pauli – Rot-Weiß Oberhausen 1:1

::: Um Mitabstiegsbewerber Stuttgarter Kickers – gleiche Punktzahl, ein Tor schlecher – auf dem viertletzten Tabellenplatz zu halten, muss der FC St. Pauli im Heimspiel gegen Oberhausen mindestens das gleiche Ergebnis wie die Schwaben erzielen, die beim schon abgestiegenen Karlsruher SC zum Derby antraten. 20 725 Zuschauer sind zum Millerntor gekommen, in der 23. Minute gehen die Oberhausener mit 1:0 in Führung, und als acht Minuten später Stuttgart beim KSC ebenfalls das 1:0 schießt, ist St. Pauli abgestiegen. Nach etwas mehr als einer Stunde fällt in Karlsruhe der Ausgleich – St. Pauli fehlt ein Tor zum Klassenerhalt. Nachspielzeit. Mittelfeldspieler Markus Lotter schlägt eine Flanke in den Oberhausener Strafraum. Ivan Klasnic, der zuvor schon die Latte getroffen hatte, tritt am Ball vorbei, bringt ihn dann aber doch noch in den Fünfmeterraum, wo Marcus Marin den Ball ins RWO-Tor grätscht. Später wird sich herausstellen, dass das orgiastisch bejubelte Tor so wichtig nicht war. Denn durch den Lizenzentzug von Tennis Borussia Berlin bleibt auch Stuttgart in der Liga. Der Einzige, der absteigt, ist Siegtorschütze Marin. Er erhält keinen neuen Vertrag am Millerntor und wechselt zum Regionalligisten Fortuna Düsseldorf.

Lothar Matthäus

DEUTSCHLAND

10. Juni 1990, Stadio Giuseppe Meazza, Mailand (Italien)
WM-Vorrunde, Gruppe D, Deutschland – Jugoslawien 4:1

::: Man kann dem Fußballtrainer Otto Rehhagel ja nicht immer Recht geben, an diesem Sonntagnachmittag blieb allerdings kaum etwas anderes übrig. »Weltklasse, Weltklasse, einmalig, einmalig«, schwärmte der TV-Experte Rehhagel bei der Übertragung des ersten deutschen WM-Auftritts. Kurz zuvor hatte sich Guido Buchwald beim Stand von 2:1 den Ball im Mittelfeld geangelt, über Klaus Augenthaler gelangte er zu Lothar Matthäus. Der hatte nach einer halben Stunde bereits das 1:0 geschossen und sprintete jetzt in der eigenen Spielhälfte mit kurzen, schnellen Nähmaschinentritten los. Der Verteidiger Davor Jozic sah, was da auf ihn zugeschossen kam, eilte Matthäus entgegen, doch der überlief den Jugoslawen im Stil eines Hürdensprinters. Und als man sich fragte, wohin er denn will, knallte Matthäus aus 20 Metern den Ball einfach flach ins linke Eck. Es war das Jahr des Lothar Matthäus. Meister war er mit Inter Mailand geworden, er wurde Weltmeister, Deutschlands und Europas »Fußballer des Jahres« und schließlich noch zum besten Spieler der Welt gekürt. Über das Jugoslawien-Spiel sagte Matthäus einmal: es war die »vielleicht beste Partie, die ich je im Deutschland-Trikot gemacht habe«. Recht hat er.

::: 3:1 ::: 46. Minute :::

Roger Milla

KAMERUN

28. Juni 1994, Stanford Stadium, San Francisco (USA)
WM-Vorrunde, Gruppe B, Russland – Kamerun 6:1

::: Oberflächlich betrachtet hieß der Mann dieses Matches Igor Salenko. Der 24-jährige Stürmer vom spanischen Erstligisten CD Logroñés hatte vor dem Spiel gegen Kamerun gerade mal einen Länderspieltreffer erzielt, gegen die Afrikaner ließ er fünf weitere folgen. So viele Tore hatte zuvor kein anderer Kicker in einem WM-Spiel geschossen. Das war die eine Leistung, die andere aber war die des 42-jährigen Roger Milla. Der Kameruner, der die Fans vier Jahre zuvor bei der WM in Italien mit seinen Toren und den Tänzen um die Eckfahne begeistert hatte, unterbrach die Show Salenkos mit dem Ehrentreffer. Milla setzte sich im Strafraum durch und ließ im Rückwärtsfallen Russlands Torhüter Stanislaw Tschertschessow, der damals bei Dynamo Dresden sein Geld verdiente, keine Chance. Mit diesem Treffer konnte Milla ebenfalls einen Rekord anmelden, er war der älteste Torschütze bei einer WM-Endrunde. Viel Freude hatten aber weder Salenko noch Milla an ihren Bestmarken, denn trotz des unterhaltsamen Spiels waren ihre Mannschaften ausgeschieden. Roger Milla beendete seine Nationalmannschaftskarriere, wechselte allerdings zum indonesischen Meister Pelita Jaya Jabar, wo er noch einmal zwei Jahre dranhing.

Dieter Müller

1. FC KÖLN

17. August 1977,
Müngersdorfer Stadion, Köln
Bundesliga, 3. Spieltag,
1. FC Köln – Werder Bremen 7:2

::: Heute sind Profifußballer nicht nur in der Bundesliga bereits völlig außer sich, wenn sie in einem Spiel einen Doppelpack erzielen. Dass man auch gleich drei Doppelpacks in 90 Minuten abliefern kann, das kann sich heute kaum mehr jemand vorstellen. Und doch hat es dies in einem Bundesliga-Spiel schon einmal gegeben. Der Torschütze war der Kölner Dieter Müller, der in der Partie gegen Werder Bremen sechsmal traf – Bundesliga-Rekord. Im nebenstehenden Bild ist Müllers 3:0 aus der 32. Minute zu sehen, einen sogenannten lupenreinen Hattrick hatte der heutige Präsident von Kickers Offenbach zwischendrin also auch noch. Mit seinen sechs Treffern löste Müller den bisherigen Rekordhalter ab, den Manager seines Clubs: Dem ehemaligen Kölner Spieler Karl-Heinz Thielen war es am 7. Dezember 1963 gelungen, beim 5:1 über den 1. FC Kaiserslautern fünf Tore zu erzielen. Zusammen durften Thielen und Müller am Ende der Saison nicht nur die Müller'sche Bestmarke feiern – immerhin ein Viertel seiner 24 Saisontreffer machte er allein gegen Bremen –, sondern auch den vorerst letzten Meistertitel für den 1. FC Köln. Mehr als 30 Jahre ist das jetzt her. Es könnte tatsächlich ein Torrekord für die Ewigkeit sein.

::: 1:0, 2:0, 3:0, 4:1, 5:1, 7:2 ::: 12., 23., 32., 52., 73., 85. :::

::: 3:3 ::: 109. Minute :::

Gerd Müller

DEUTSCHLAND

17. Juni 1970, Estadio Azteca, Mexiko City (Mexiko), WM-Halbfinale, Italien – Deutschland 4:3 n. V.

::: Nur einmal lag Deutschland im berühmten WM-Halbfinale gegen Italien, dem sogenannten Jahrhundertspiel, vorn. Zu Beginn der Verlängerung traf Gerd Müller mit einem Tor, wie nur er es erzielen konnte. Ein echter Müller und die einzige deutsche Führung in diesem Match vor 102 444 Zuschauern im Estadio Azteca. Mit der Brust hatte Italiens Verteidiger Fabrizio Poletti einen Kopfball Uwe Seelers am Fünfmeterraum elegant geklärt, doch als der Ball vor den Füßen Polettis aufkam, hatte Gerd Müller von hinten sein linkes Bein dazwischengequetscht und an Torhüter Enrico Albertosi vorbei im Stürzen ins Tor gequetscht. Und auch das 3:3 von Müller (hier im Bild), 14 Minuten später, das letzte seiner zehn Tore bei diesem Turnier war ein typisches für ihn. Wieder war es ein Seeler-Kopfball, wieder kam der Ball in den Fünfmeterraum, und dann machte sich der kleine, dicke Müller lang und länger und verpasste mit seinem Scheitel dem Ball den Dreh ins Tor. »Muller, again Muller«, raunte Bobby Moore, der nach dem Viertelfinal-Aus gegen die Deutschen die WM fürs britische Fernsehen kommentierte. Die Engländer waren durch ein Müller-Tor ausgeschieden, doch für Italien reichte es in Mexiko am Ende nicht. Erst vier Jahre später sollte der Weg für Deutschland und Gerd Müller wieder ins Finale führen.

::: 1:2 ::: 43. Minute :::

Gerd Müller

DEUTSCHLAND

7. Juli 1974, Olympiastadion, München
WM-Finale, Niederlande – Deutschland 1:2

::: »Ich habe 68 Tore in 62 Länderspielen geschossen, doch nichts geht über dieses eine in einem WM-Endspiel hinaus«, hat Gerd Müller einmal gesagt. Dieses Eine, das war das Tor gegen die Niederlande im WM-Finale 1974 von München. Das Tor gegen eine Mannschaft, die das Endrundenturnier mit spielerischer Klasse und tollem Fußball dominiert hatte und die im Finale dann bis auf den Führungstreffer von Johan Neeskens nicht nachlegen konnte. Dass die Niederländer nicht so gut sein würden wie etwa bei ihrem sensationellen Auftritt gegen die Brasilianer, konnte Gerd Müller nicht wissen. Dennoch schlief der Mittelstürmer in der Nacht vor dem Endspiel kaum. Eine Wahrsagerin hatte behauptet, die Niederländer würden das Finale gewinnen. Ein paar Stunden später, gegen Viertel vor Fünf am Nachmittag, flankt der Gladbacher Rainer Bonhof von rechts in den Strafraum. »Ich gehe vor«, erinnert Müller sich, »stoppe ihn schlecht, der Ball kommt aber dann noch mal auf meinen rechten Fuß. Dann habe ich gleich geschossen – und der Ball war drin.« Oft ist er gebeten worden, diese Situation noch einmal nachzuspielen. »Aber man kann es nicht nachmachen«, hat Gerd Müller gesagt. Es war sein letztes Spiel und sein letztes Tor in der Nationalmannschaft.

Nayim

SARAGOSSA

10. Mai 1995, Parc des Princes, Paris (Frankreich)
Europapokal der Pokalsieger, Finale, FC Arsenal – Real Saragossa 1:2 n. V.

::: Nur noch Sekunden, dann wird Schiedsrichter Piero Ceccarini aus Italien die Verlängerung im Prinzenpark abpfeifen und die Entscheidung zwischen Titelverteidiger Arsenal und Spaniens Pokalsieger Saragossa würde im Elfmeterschießen fallen müssen. Schon im Halbfinalrückspiel bei Sampdoria Genua hatte Arsenals Schlussmann David Seaman in der fürchterlichsten aller Entscheidungen Klasse bewiesen. Drei Elfmeter der Italiener hatte er pariert und damit das Finale klargemacht. 20 Tage später stand Seaman nun in dieser 119. Minute weit vorn in seinem Strafraum, im Mittelfeld war ein spanischer Spieler rechts draußen an den Ball gekommen. Eine Nicht-Situation. Doch dann erlebte Seaman »den schlimmsten Augenblick meiner Karriere. In dem Moment, in dem er abzog, wusste ich, dass ich in Schwierigkeiten war.« Saragossas Mittelfeldspieler Nayim, dessen richtiger Name Mohammed Alí Amar lautet, hatte aus über 40 Metern einen mächtigen Lob losgelassen, der sich über den staksig nach hinten wankenden Seaman hinweg ins Tor senkte. Aus. Und ausgerechnet Nayim. Der hatte, bevor er 1993 nach Spanien gewechselt war, fünf Jahre lang für Arsenals großen Stadtrivalen Tottenham Hotspur gespielt.

Günter Netzer

BORUSSIA MÖNCHENGLADBACH

23. Juni 1973, Rheinstadion, Düsseldorf
DFB-Pokal-Finale, Borussia Mönchengladbach – 1. FC Köln 2:1 n. V.

::: Die Vorfreude war den Gladbacher Anhängern im Düsseldorfer Rheinstadion anzuhören. »Hur-ra, Hur-ra, der Netzer, der ist da!«, riefen sie vor dem Anpfiff zur Verlängerung dieses wohl besten deutschen Pokalfinals. 1:1 stand es gegen den Rivalen 1. FC Köln, und Gladbachs Trainer Hennes Weisweiler hatte Netzer keinen Platz in der Startelf, sondern einen auf der Ersatzspielerbank gegeben. Weil der Blondschopf nach diesem Finale zu Real Madrid ging, weil er formschwach war und mit dem Tod seiner Mutter klarzukommen versuchte. Der brüskierte Netzer wollte abreisen, Kollege Jupp Heynckes überredete ihn, zu bleiben. In der Halbzeit bot Weisweiler Netzer eine Einwechslung an, die dieser ablehnte. Aber als es in die Verlängerung ging, Christian Kulik nicht mehr konnte und der sture Weisweiler keine Anstalten machte, ihm nach zehn Jahren einen letzten Einsatz für die Borussia zu gönnen, hatte Netzer die Faxen dicke: »Trainer, ich spiel dann mal«, sagte er zu Weisweiler und wechselte sich ein. Zwei Ballberührungen später hatte Netzer mit einem fulminanten Schuss das Finale entschieden. Einen Schuss, über den der Kölner Heinz Simmet einmal sagte: »Der Netzer konnte froh sein, dass er den Ball mit dem Schienbein traf, sonst wäre der im Leben nicht ins Tor gegangen.«

::: 1:0 ::: 90. Minute :::

Oliver Neuville

DEUTSCHLAND

14. Juni 2006, FIFA-WM-Stadion, Dortmund
WM-Vorrunde, Gruppe A, Deutschland – Polen 1:0

::: Ein schnelles, kampfbetontes Spiel war es. Vor allem aber war es eines ohne Tor im Dortmunder Westfalenstadion. Und als die Kraft nach einer Stunde nachzulassen schien, setzte Bundestrainer Jürgen Klinsmann auf lokales Marketing und wechselte den lauffreudigen Dortmunder David Odonkor ein, und weil ihm das noch nicht genug Frische für die Offensive versprach, kam sieben Minuten darauf der Gladbacher Oliver Neuville ins Spiel, später noch Tim Borowski. Als die Polen in der 75. Minute Radoslaw Sobolewski wegen wiederholten Foulspiels verloren, erhöhte sich die Anzahl der deutschen Chancen schlagartig. Doch Miroslav Klose, Philipp Lahm und Neuville scheiterten an Polens Torwart Artur Boruc. Die erste Minute der Nachspielzeit lief, da tat Odonkor, was er am besten kann, er sprintete die rechte Außenbahn entlang. Dann schlug er einen Ball nach innen, den Oliver Neuville mit Kraft zum 1:0 ins polnische Tor reingrätschte. Als am Tag darauf Ecuador Costa Rica schlug, hatte sich Deutschland bereits fürs Achtelfinale qualifiziert und die Gewissheit, Großes möglich zu machen, hatte die Nation erreicht. »Wir sind überzeugt, dass wir fähig sind, mit allen Mannschaften mitzuhalten«, sagte Klinsmann, »wir spielen in unserem Land.«

Jay Jay Okocha

EINTRACHT FRANKFURT

31. August 1993, Waldstadion, Frankfurt/Main
Bundesliga, 5. Spieltag, Eintracht Frankfurt – Karlsruher SC 3:1

::: Der Trainer des Tabellenführers stand an der Außenlinie und wurde wahnsinnig. »Schieß endlich, schieß, habe ich acht-, neunmal gebrüllt«, sagte Klaus Toppmöller, damals in Diensten von Eintracht Frankfurt. Aber sein Stürmer, der 20-jährige Augustine »Jay Jay« Okocha hörte nicht, er hatte gerade Spaß an einer Vorführung, die in keinem Rückblick auf die Bundesliga-Geschichte fehlen wird. »Jay-Jay tanzt Oko-cha-cha«, titelte *Bild* am Tag nach dem großen Solo des Nigerianers im Strafraum des Karlsruher SC. Toppmöller hatte Okocha eingewechselt, nachdem der KSC die 1:0-Führung durch Uwe Bein ausgeglichen hatte. Okocha hatte dann das 2:1 durch Bein vorbereitet, und nach einem Konter stand erneut Bein im Strafraum, vor ihm nur noch der Torwart des KSC, der 24-jährige Oliver Kahn. Bein passt auf den mitgelaufenen Okocha, auf den Kahn dann zuschießt. Okocha bewegt sich nach links, rechts, täuscht einen Schuss an, Kahn fällt ins Leere, Okocha bewegt sich mit dem Ball am Fuß nach links, er umkurvt den KSC-Verteidiger Burkhard Reich. Dann stehen Okocha plötzlich Reich, Slaven Bilic und Lars Schmidt gegenüber, dahinter hoppelt Kahn ganz aufgeregt. Okocha wackelt nach rechts, zieht den Ball mit der Sohle schnell auf links, dann schießt er durch alle hindurch ins rechte Eck. Wow!

Said Al-Owairan

SAUDI-ARABIEN

29. Juni 1994, RFK Stadium, Washington DC (USA)

WM-Vorrunde, Gruppe F, Belgien – Saudi-Arabien 0:1

::: Bis zu diesem Tag war es nicht oft vorgekommen, dass ein saudi-arabischer Fußballspieler die Welt außerhalb seiner Heimat verzückt hatte. Das änderte sich an diesem Nachmittag in der Hitze der US-amerikanischen Hauptstadt Washington. »Ich wollte eigentlich nur den Ball passen, doch ich sah keinen freien Mitspieler«, erklärte Said Al-Owairan sein irres Solo, das er an der Mittellinie startete, und in dessen Verlauf er fünf Belgier stehen ließ und auch dem exzellenten Michel Preud'homme im Tor am Ende keine Chance ließ. Der unglaubliche Treffer blieb der einzige in diesem letzten Vorrundenmatch. Damit war erstmals eine arabische Mannschaft in eine WM-Zwischenrunde eingezogen. Häuser, Wohnungen und Luxuslimousinen erhielt der damals 26-jährige Al-Owairan geschenkt, und einen mit jährlich 1,2 Millionen US-Dollar dotierten Werbevertrag mit Pepsi-Cola gab es obendrauf. Das nächste Mal war von Said Al-Owairan knapp zweieinhalb Jahre später zu hören. Sein Verband hatte ihn auf unbestimmte Zeit gesperrt, Al-Owairan war im Ramadan auf einer Party mit Callgirls und Alkohol zugegen gewesen. Bei der Razzia durch die Sittenpolizei hatte er deren Chef niedergeschlagen. Die Sperre wurde zur WM 1998 aufgehoben. Dort fiel Al-Owairan jedoch nicht weiter auf.

tillförlitlig TV
tillförlitlig TV
tillförlitlig TV
tillförlitlig TV
tillförlitlig TV
7
20

Pelé

BRASILIEN

29. Juni 1958, Råsundastadion, Solna (Schweden)
WM-Finale, Brasilien – Schweden 5:2

::: Pelé weinte. Zu kalt war es ihm in Schweden. Trainieren wollte er nicht, und spielen ließ man den jungen Stürmer zunächst auch nicht. Pelé saß auf der Ersatzbank, er wollte einfach nur nach Hause, nach Santos. Doch Trainer Vincente Feola dachte gar nicht daran, sein Riesentalent abreisen zu lassen, er brauchte Pelé bei dieser Weltmeisterschaft noch. Nach dem 0:0 gegen England im zweiten Gruppenspiel stand Pelé gegen die UdSSR von Beginn an auf dem Platz, er war der jüngste Spieler, der jemals an einer Weltmeisterschaft teilgenommen hatte. Eine Runde später im Viertelfinale beim 1:0 gegen Wales schoss Pelé sein erstes WM-Tor im Alter von 17 Jahren und 239 Tagen, im Halbfinale gegen Frankreich folgten drei (binnen 23 Minuten) und vor dem Endspiel gegen Schweden war Pelé längst die Sensation des Turniers. Dann kam dieses Tor: eine Flanke von Nilton Santos auf Pelé, der den Ball mit der Brust stoppte, dadurch Sigvard Parling austrickste, den Ball über Erik Oskar Börjessons Kopf lupfte, sich drehte und vom Elfmeterpunkt volley abzog. Tor. Jetzt war Pelé nicht nur mehr eine Sensation, jetzt war er ein Weltstar. Und er weinte, als seine Teamkollegen ihn auf den Schultern trugen – diesmal vor Freude.

Pelé

BRASILIEN

3. Juni 1970, Estadio Jalisco, Guadalajara (Mexiko)
WM-Vorrunde, Gruppe 2, Brasilien – CSSR 4:1

::: Es war Brasiliens erster Auftritt bei dieser Weltmeisterschaft in Mexiko. Die Mannschaft war der große Favorit auf den Titel. Doch ehe sich die Seleção versah, hatte der 23-jährige Stürmer Ladislav Peters den Außenseiter aus der Tschechoslowakei mit 1:0 in Führung gebracht. Lange aber benötigte der spätere Weltmeister aus Brasilien nicht, um den Zuschauern klarzumachen, dass es hier keine Sensation geben würde. In der 24. Minute glich Schnauzbartträger Roberto Rivelino für die überlegenen Brasilianer aus, die dann ein wenig auf ihren zweiten Treffer warten mussten. Nach einer Stunde schlug Gerson aus dem Mittelfeld einen Pass in den Strafraum der CSSR. Pelé sprang dem Ball hoch entgegen, stoppte ihn mit der Brust, dann machte er drei Schritte und schoss volley mit dem rechten Außenrist an Torwart Ivo Viktor vorbei zum 2:1 ein. Ein elegantes Tor des 34-Jährigen. Aber trotz dieses eleganten Treffers und des später gewonnen Titels: Bei Pelé waren bereits erste Anzeichen von Verschleiß zu bemerken. Wegen diverser kommerzieller Interessen war der Stürmer verpflichtet, 120 Spiele im Jahr zu absolvieren. Oft wirkte er müde, geistig abwesend.
Im kommenden Jahr beendete Pelé seine Karriere in der Seleção nach 14 Jahren, 92 Spielen und 77 Toren.

Pelé

BRASILIEN

19. November 1969, Maracanã, Rio de Janeiro (Brasilien)
Taça de Prata, Vorrunde, Vasco da Gama – FC Santos 1:2

::: Die Aufregung an diesem Mittwochabend in Rio war riesengroß. Pelé war im Maracanã mit dem FC Santos zu Gast. Das war natürlich schon mehr als einmal vorgekommen, dass »O Rei« in der gigantischen Betonschüssel aufgelaufen war. Heute aber stand die Partie gegen das Heimteam von Vasco da Gama in der Taça de Prata an, dem »Silberpokal«, einem Vorgängerwettbewerb der heutigen brasilianischen Meisterschaft. Und die meisten, die gekommen waren, wollten »O Milésimo« sehen, das 1000. Tor Pelés, das an diesem Abend im Stadion aller Stadien fallen konnte. Eine große Möglichkeit Pelés verhinderte Vascos Abwehrspieler Renê, der den Ball lieber ins eigene Tor köpfte, als den damals 29-jährigen Pelé sein Jubiläum feiern zu lassen. In der 34. Minute gab es dann jedoch keinen Ausweg mehr, nach einem Foul an Pelé hatte Schiedsrichter Manoel Amaro auf Elfmeter für Santos entschieden. Pelé verwandelte gegen den argentinischen Schlussmann Edgardo Andrada, der sich fürchterlich ärgerte. Dann gab es kein Halten mehr. Fans und Fotografen stürmten den Platz, das Spiel musste erst einmal unterbrochen werden. Im Maracanã durfte der Jubilar noch am selben Abend eine Gedenkplakette enthüllen, die brasilianische Post gab eigens eine Briefmarke heraus. 284 Tore später beendete Pelé seine einzigartige Karriere.

Tomislav Piplica

ENERGIE COTTBUS

6. April 2002, Stadion der Freundschaft, Cottbus
Bundesliga, 30. Spieltag, Energie Cottbus – Borussia Mönchengladbach 3:3

::: Besonders dämlich sind dämliche Tore, wenn sie wichtige Punkte kosten, so wie im vorliegenden Fall. Seit dem Rückrundenstart hatte Energie Cottbus alle Heimspiele im Stadion der Freundschaft gewonnen und Torwart Tomislav Piplica nur ein Gegentor kassiert, womit der Klassenerhalt so gut wie geschafft war. Fünf Spieltage vor Schluss kam Mönchengladbach, und auch gegen die sah es zunächst so aus, als liefe alles wie gehabt. 2:0 führte Energie durch Tore von Marko Topic und Radoslav Kaluzny, dann glich Gladbach aus. Cottbus schaffte in der 70. Minute das 3:2. Als nur noch fünf Minuten zu spielen waren, entschloss sich der eingewechselte Gladbacher Marcel Witeczek zu einem Torschuss, den Kaluzny zu einer Bogenlampe abfälschte, die auf das Tor von Piplica zusteuerte. »Ich habe gedacht, der Ball fällt auf die Latte«, erklärte Piplica, was dann passierte. Denn am Tag nach seinem 33. Geburtstag reagierte der Schlussmann mit dem dünnen Stirnband nicht, es sah fast so aus, als falte er seine Hände vor dem Oberkörper zum Gebet. Was den Ball nicht interessierte. Der fiel auf Piplicas Kopf und von dort zum Ausgleich ins Tor. Großes Gelächter, und Energie-Trainer Eduard Geyer scherzte über seinen sonst sehr verlässlichen Keeper: »Am besten schmeiße ich Piplica raus.« Energie blieb übrigens trotzdem in der Liga.

::: 0:1 ::: 58. Minute :::

Michel Platini

JUVENTUS TURIN

29. Mai 1985, Stade du Heysel, Brüssel (Belgien)

Europapokal der Landesmeister, Finale, FC Liverpool – Juventus Turin 0:1

::: Dieses Elfmetertor eines der weltbesten Spieler war bedeutungslos. »Ich konnte mir nicht vorstellen«, sagte Michel Platini unmittelbar nach dem Abpfiff, »dass man in einem Stadion unter irgendetwas anderem leiden könnte als dem Ergebnis.« Vor Spielbeginn war es zu Ausschreitungen zwischen Fans beider Mannschaften in Block Z des baufälligen Heysel-Stadions gekommen, eine Mauer war eingestürzt, mehr als 600 Fans erlitten Verletzungen, 39 starben. Es war ein Tag, wie Liverpools Stürmer Ian Rush sagte, »der den Fußball für immer veränderte«. Dies sind die Namen der Toten: Rocco Acerra, Bruno Balli, Alfons Bos, Giancarlo Bruschera, Andrea Casula, Giovanni Casula, Nino Cerullo, Willy Chielens, Giuseppina Conti, Dirk Daenecky, Dionisio Fabbro, Jacques François, Eugenio Gagliano, Francesco Galli, Giancarlo Gonnelli, Alberto Guarini, Giovacchino Landini, Roberto Lorentini, Barbara Lusci, Franco Martelli, Loris Messore, Gianni Mastrolaco, Sergio Bastino Mazzino, Luciano Rocco Papaluca, Luigi Pidone, Bento Pistolato, Patrick Radcliffe, Domenico Ragazzi, Antonio Ragnanese, Claude Robert, Mario Ronchi, Domenico Russo, Tarcisio Salvi, Gianfranco Sarto, Giuseppe Spalaore, Mario Spanu, Tarcisio Venturin, Jean Michel Walla, Claudio Zavaroni.

::: 3:2 ::: 84. Minute :::

Helmut Rahn

DEUTSCHLAND

4. Juli 1954, Wankdorfstadion, Bern (Schweiz)

WM-Finale, Deutschland – Ungarn 3:2

::: *»Sechs Minuten noch im Wankdorfstadion in Bern. Keiner wankt. Der Regen prasselt unaufhörlich hernieder. Es ist schwer, aber die Zuschauer, sie harren nicht aus, wie könnten sie auch! Eine Fußballweltmeisterschaft ist alle vier Jahre, und wann sieht man ein solches Endspiel, so ausgeglichen, so packend? Jetzt Deutschland am linken Flügel durch Schäfer, Schäfers Zuspiel zu Morlock wird von den Ungarn abgewehrt, und Bozsik, immer wieder Bozsik, der rechte Läufer der Ungarn am Ball. Er hat den Ball verloren diesmal, gegen Schäfer – Schäfer nach innen geflankt. Kopfball. Abgewehrt. Aus dem Hintergrund müsste Rahn schießen. Rahn schießt! Tooooor! Tooooor! Tooooor! Tooooor! Tor für Deutschland. Linksschuss von Rahn, Schäfer hat die Flanke nach innen geschlagen, Schäfer hat sich gegen Bozsik durchgesetzt. Drei zu zwei für Deutschland fünf Minuten vor dem Spielende. Halten Sie mich für verrückt, halten Sie mich für übergeschnappt, ich glaube, auch Fußballlaien sollten ein Herz haben, sollten sich an der Begeisterung unserer Mannschaft und an unserer eigenen Begeisterung mit freuen und sollten jetzt Daumen halten. Viereinhalb Minuten Daumen halten in Wankdorf ...«*
(O-Ton des deutschen Radioreporters Herbert Zimmermann)

Oliver Reck

WERDER BREMEN

30. November 1991, Olympiastadion, München

Bundesliga, 20. Spieltag, FC Bayern München – Werder Bremen 3:4

::: Beim Anblick dieses Bildes ahnt man bereits nichts Gutes. Man erkennt Torhüter Oliver Reck im Trikot von Werder Bremen, und da hat die Assoziationskette ihr Ende auch schon erreicht: »Pannen-Oli«. Die Geburtsstunde dieses Namens lag schon ein paar Monate zurück. In einem Spiel gegen Wattenscheid kam ein langer Ball in Recks Richtung. Reck lief zurück, er verlor die Balance, er fiel hin, und der Ball ging ins Tor. Da dichtete die *Bild-Zeitung*: »Pannen-Oli«. Hier, im Auswärtsspiel bei Bayern München, lenkte Reck einen Pfostenabpraller unglücklich mit dem Kopf ins eigene Tor. In der Bremer Vereinsbilanz richtete das keinen weiteren Schaden an, weil Werder am Ende trotz des Fauxpas beim FC Bayern gewann. Für den Spieler Oliver Reck hatte dieser Nachmittag jedoch gemeine Folgen. »Hat's mit Reck noch Zweck?«, fragt die eine Zeitung, die andere kannte schon die Antwort: »Reck muss weg!« Später, als Oliver Reck nach 435 Bundesliga-Einsätzen und einem A-Länderspiel seine Karriere im Tor des FC Schalke 04 ausklingen ließ, hat er mal gesagt: »Ich bin es gewohnt, dass man mir Vorwürfe macht, wichtig ist mir aber immer nur gewesen, was die Trainer und mein direktes Umfeld denken.«

::: 1:0 ::: 44. Minute :::

Uwe Reinders

WERDER BREMEN

21. August 1982, Weserstadion, Bremen
Bundesliga, 1. Spieltag, Werder Bremen – FC Bayern München 1:0

::: Zur neuen Saison hatte Bayern München sich auch einen neuen Torwart geleistet. Statt Routinier Manfred Müller oder dem oft unsicher auftretenden Walter Junghans stand nun Belgiens Nummer eins, der 28-jährige Jean-Marie Pfaff, zwischen den Pfosten des Pokalsiegers. Am ersten Spieltag hatten die Bayern bei UEFA-Pokal-Teilnehmer Werder Bremen anzutreten. Pfaffs Debüt sollte eines werden, an das nicht nur er sich ewig würde erinnern müssen. 43 Minuten lang hatte der Belgier an diesem Augustnachmittag wenig zu tun bekommen, seine neuen Mannschaftskollegen hatten das Spiel bestimmt, ohne jedoch ein Tor erzielen zu können. Kurz vor der Pause: Der Bremer Rechtsaußen Uwe Reinders, der nach seiner Verletzung erstmals wieder spielte, warf an der linken Außenlinie fast an der Eckfahne ein. Reinders war für seine weiten Einwürfe bekannt. Die Entfernung zum Tor betrug 35 Meter. Reinders schleuderte den Ball gen Bayern-Tor, der Bremer Verteidiger Norbert Siegmann stieg am Fünfmeterraum hoch, erreichte den Ball nicht mit dem Kopf, dahinter verfehlte auch Augenthaler, und dahinter wollte Pfaff Strafraumbeherrschung demonstrieren, riss seinen rechten Arm hoch, berührte den Ball leicht, der dann ins Tor trudelte – und hatte damit in seinem Premierenspiel gleich »einen schönen Bock geschossen«.

Lars Ricken

DORTMUND

28. Mai 1997, Olympiastadion, München
Champions League, Finale, Borussia Dortmund – Juventus Turin 3:1

::: Elf Sekunden zuvor war er für Stéphane Chapuisat eingewechselt worden. Schon in den Runden zuvor hatte der gerade einmal 20-jährige Lars Ricken mit seinen beiden Siegtoren bei AJ Auxerre und Manchester United dafür gesorgt, dass Borussia Dortmund dieses Champions-League-Finale von München überhaupt hatte erreichen können. Und jetzt, der BVB führte nach einem Del-Piero-Treffer nur noch 2:1, kam Ricken rein. Sekunden später folgte ein genialer Steilpass von Andreas Möller in den freien Raum hinter die Turiner Abwehr, und in diesen lief Ricken mit wehendem Hemd hinein. Auf der Bank hatte er sich nicht nur über seine Nichtberücksichtigung in der Startelf geärgert, mit seinem Mitspieler Heiko Herrlich hatte er auch die Schwäche von Juve-Torwart Angelo Peruzzi ausgeguckt: Der habe immer zu weit vor seinem Tor gestanden. Und als Ricken den Ball erreicht, schaut er kurz noch mal auf und lässt dann aus etwa 25 Metern mit seiner ersten Ballberührung einen Lupfer los, der Dortmund den ersten und bisher einzigen Champions-League-Titel beschert.

::: 3:2 ::: 89. Minute :::

Rivaldo

FC BARCELONA

17. Juni 2001, Camp Nou, Barcelona (Spanien)

Primera División, 38. Spieltag, FC Barcelona – CF Valencia 3:2

::: Alle drei Treffer, die Rivaldo an diesem Abend gegen Valencia gelangen, waren sehr schön anzusehen. Aber das war nicht die Sache. Denn es ging in diesem letzten Spiel der Saison für beide Mannschaften um sehr viel. Valencia reichte ein Unentschieden, um die Qualifikation für die Champions League zu schaffen, Barça benötigte einen Sieg. Rivaldos erster Treffer war ein direkt verwandelter Freistoß, den er über die Mauer an den Innenpfosten setzte. Nachdem Ruben Baraja den Ausgleich für Valencia erzielt hatte, traf Rivaldo mit einem satten, möglicherweise nicht ganz unhaltbaren Schuss aus 25 Metern zum 2:1. Wieder glich Baraja für Valencia aus, und dann waren nur noch 90 Sekunden zu spielen. Einen von Frank de Boer an die Kante des Strafraums gelupften Ball ließ Rivaldo von seiner Brust hoch abprallen, dann verwandelte er die Eigenvorlage mit einem Fallrückzieher prächtig zum millionenschweren Siegtreffer. Die »Riiiii-vallllI-dooooooo, Riiiii-vallllI-doooooooo«-Rufe hallten in dieser Nacht noch lange durchs Camp Nou. Und am nächsten Tag schrieb *El Mundo Deportivo*: »Sankt Rivaldo, der du bist im Himmel!«

::: 3:2 ::: 74. Minute :::

Arjen Robben

FC BAYERN MÜNCHEN

7. April 2010, Old Trafford, Manchester (England)
Champions League, Viertelfinalrückspiel,
Manchester United – FC Bayern München 3:2

::: Er stand da an der Strafraumlinie im Old Trafford, leicht nach rechts versetzt – wie ein Tennisspieler, der sich gerade ausdenkt, in welche Ecke er seinem Gegenspieler gleich das nächste Ass servieren wird. Was dann folgte war auch das Ergebnis zahlreicher Extraschussschichten mit Co-Trainer Andries Jonker. Geburtstagskind Franck Ribéry bereitete sich auf einen Eckball von links vor, mit einer Handbewegung deutete der Franzose an, dass der Ball in einem Bogen vors Tor kommen werde. Eine Finte. Denn tatsächlich schlug Ribéry einen hohen Ball auf den Mann, der an der Strafraumlinie kauerte: Arjen Robben tippelte, korrigierte sich ein wenig nach hinten, sein linkes Schussbein holte aus, schnellte nach vorn und traf den Ball volley. Dieser zischte an allen umstehenden Spielern vorbei ins hintere linke Eck hinein. Das wichtige 2:3 bei Manchester United. Einen 0:3-Rückstand fast aufgeholt, das aggregierte Ergebnis nach dem 2:1 im Hinspiel reichte den Bayern zum Einzug ins Halbfinale der Champions League. Dort standen sie nach neun Jahren erstmals wieder, Gegner war Olympique Lyon, und für die Bayern und ihren besten Torschützen in dieser Saison sollte erst im Finale gegen Inter Mailand Endstation sein.

Ronaldo

BRASILIEN

30. Juni 2002, International Stadium, Yokohama (Japan)
WM-Finale, Deutschland – Brasilien 0:2

::: Dieses Tor erzählt nicht die Geschichte seines Schützen, sondern die des Bezwungenen. Bis zu diesem Tag war Oliver Kahn der überragende Spieler nicht nur der deutschen Nationalmannschaft, sondern des ganzen WM-Turniers in Japan und Südkorea gewesen. Der Schlussmann galt als schier unbezwingbar, in den sechs Spielen vor dem Endspiel gegen Brasilien hatte er nur einen Treffer hinnehmen müssen. Er allein hatte Deutschland ins Finale gebracht, und dann war es ausgerechnet er, der im ersten WM-Spiel einer deutschen Mannschaft gegen Brasilien entscheidend patzte. Nach einem Ballverlust durch Didi Hamann 25 Meter vor dem Tor, passte Ronaldo auf Rivaldo, dessen Schuss Kahn entgleiten ließ. Der festhaltbar scheinende Ball klatschte nach vorne weg, wo ihn Ronaldo erlief, Kahn konnte sich nicht abstoßen, streckte sich verzweifelt, Ronaldo schob zum 1:0 ein. Kurz darauf erhöhte der Brasilianer auf 2:0, der goldene WM-Pokal gehörte zum fünften Mal Brasilien. Als Schiedsrichter Pierluigi Collina abgepfiffen hatte, lehnte Oliver Kahn einsam am Pfosten seines Tores und starrte ins linke Eck, in das Ronaldo zweimal getroffen hatte. Als seine Mannschaftskollegen kamen, ihn zu trösten, schickte er sie weg. Später sagte Kahn: »Da gibt es keinen Trost.«

Pipo Rodriguez

EL SALVADOR

27. Juni 1969, Estadio Azteca, Mexiko City (Mexiko)
WM-Qualifikation CONCACAF, Halbfinale, El Salvador – Honduras 3:2 n. V.

::: Es ist das einzige Tor der Geschichte, das einen Krieg zwischen zwei souveränen Staaten auslöste. Den sogenannten 100-Stunden-Krieg zwischen Honduras und El Salvador, der über 2000 Menschenleben forderte. Die Atmosphäre zwischen beiden mittelamerikanischen Nachbarländern war mehr als vergiftet, weil etwa 300 000 Honduraner ins benachbarte El Salvador geflüchtet waren und dort einfach Land in Besitz genommen hatten. Vor diesem Hintergrund stand man sich in der Qualifikation zur Weltmeisterschaft in Entscheidungsspielen gegenüber. Nachdem Honduras sein Halbfinalhinspiel mit 1:0 gewonnen hatte, waren die Begleitumstände des Rückspiels atemberaubend. In der Nacht davor veranstalteten 5000 Salvadorianer einen irren Krach vor dem Mannschaftshotel der Honduraner und warfen Scheiben ein. Beim Abspielen der Nationalhymne vor dem Spiel wurde statt der Fahne des Gastes ein Lumpen am Mast gehisst. In dieser aufgeheizten Atmosphäre gewann El Salvador mit 3:0, danach kam es zu Ausschreitungen. Das Militär griff ein. Die Entscheidung musste auf neutralen Bodem in Mexiko City fallen. Es war ein hart geführtes Match, an dessen Ende El Salvador siegte und nach einem weiteren Sieg gegen Haiti sich erstmals für eine WM-Endrunde qualifiziert hatte. Am 14. Juli marschierten salvadorianische Truppen nach Honduras ein.

Wynton Rufer

WERDER BREMEN

6. Mai 1992, Estádio da Luz, Lissabon (Portugal)
Europapokal der Pokalsieger, Finale, Werder Bremen – AS Monaco 2:0

::: Seit der 41. Minute liegt AS Monaco nach einem Tor des Bremer Altmeisters Klaus Allofs hinten. Die zweite Hälfte läuft, und den Südfranzosen ist klar, dass sie nun endlich aktiver werden müssen. Im Mittelfeld führt der senegalesische Auswahlspieler Roger Mendy den Ball, verliert ihn allerdings an Mirko Votava, der leitet weiter auf Allofs, und der Torschütze sieht wie links von ihm Wynton Rufer startet. Allofs spielt den Ball in den freien Raum vor Rufer, der legt den Ball rechts und sich selbst links am rausgekommenen AS-Schlussmann Jean-Luc Ettori vorbei, und dann muss Rufer den Ball nur noch locker über die Linie schieben, um den größten internationalen Erfolg in der Bremer Vereinsgeschichte klarzumachen. Später ging der feierfreudige Neuseeländer Rufer mit dem Pokal auf die Ehrenrunde und erlebte Erstaunliches. »Irgendwann drehte ich mich um und merkte, dass meine ganze Mannschaft schon weg war. Die waren schon in der Kabine. Nur Willi Lemke ist mit mir noch ein paar Runden gelaufen.« Zwei Tage lang feierten die Bremer, dann stand wieder Bundesligaalltag in Frankfurt an. Und das Kuriose: Wie schon im Europapokal-Finale treffen erneut Allofs und Rufer für Werder. Bedauerlich für Frankfurt: Das 2:2-Unentschieden wird den Club eine Woche später die Meisterschaft kosten.

Wolfgang Schäfer

BAYER 05 UERDINGEN

26. Mai 1985, Olympiastadion, Berlin
DFB-Pokal-Finale,
Bayer 05 Uerdingen – FC Bayern München 2:1

::: Zehn gute Gründe, weshalb dieses Tor in diesem Buch zu finden ist:

: Es wurde gegen Bayern München erzielt.

: Es war der Siegtreffer im ersten Pokalfinale, nachdem der DFB entschieden hatte, das Endspiel nur noch in Berlin austragen zu lassen.

: Es ist ein Tor für einen Verein, der nur noch unter anderem Namen und ein paar Spielklassen tiefer existiert, weil der ihn möglich machende Konzern sich auf *eine* »Filiale« im Profifußball konzentrieren wollte (mit Bayer Leverkusen seither allerdings auch nur einen Titel geholt hat).

: Weil es eine sogenannte Pokalsensation war.

: Weil Siegtorschütze Wolfgang Schäfer nicht wie ein Fußballprofi, sondern mit seinen runtergelassenen Stutzen eher wie ein durchgeknallter Bademeister aussah.

: Weil Wolfgang Schäfer vor Spielbeginn über den Platz im Olympiastadion gesagt hatte: »Dass auf solch einem schlechten Platz ein Pokalendspiel ausgetragen wird, ist eine Frechheit.«

: Um richtigzustellen, dass Wolfgang Schäfer den Pokal nach dem Triumph nicht mit in sein Bett genommen hatte. Tatsächlich stand der daneben, war noch randvoll mit Alkohol gefüllt, und als Schäfer mitten in der Nacht Durst bekam und daraus trank, fiel der Pokal um, und der ganze Alkohol lief ins Bett. Darin hat Wolfgang Schäfer dann geschlafen.

: Weil das Tor daran erinnert, dass Wolfgang Schäfer später auch beim FC Homburg gegen die Bayern traf und deren Manager Hoeneß gesagt haben soll: »Ja, wann hört der denn endlich damit auf?«

: Weil Wolfgang Schäfer nach einer Augenverletzung, die er sich beim Fußballspielen zugezogen hatte, massive gesundheitliche Probleme bekam, Tabletten nehmen musste und inzwischen Frührentner ist.

: Weil Fans des Bayer-Nachfolgevereins KFC Uerdingen im Jahre 2010, zum 25-jährigen Jubiläum des Pokalsiegs, eine 90-minütige Dokumentation gedreht haben, in der auch die anderen beiden Tore des Spiels gewürdigt werden, die von Dieter Hoeneß (1:0/8.) und Horst Feilzer (1:1/9.).

05
Commodore

Edgar Schmitt

KARLSRUHER SC

2. November 1993, Wildparkstadion, Karlsruhe
UEFA-Pokal, 2. Runde, Rückspiel,
Karlsruher SC – CF Valencia 7:0

::: Ältere Menschen werden sich daran erinnern, dass es eine Zeit gab, in der der Karlsruher SC auch unter der Woche die deutsche Fußballnation vor den Bildschirm zog. In den 1990er-Jahren spielten die Badener tatsächlich international, gewannen 1996 sogar den UI-Cup, ihren unvergesslichsten Auftritt aber lieferten sie im UEFA-Pokal ab. Nach einem 1:3 im Hinspiel waren die Chancen aufs Weiterkommen der Mannschaft von Trainer Winnie »Wahnsinn« Schäfer gegen den spanischen Tabellenführer aus Valencia sehr gering. Doch dann wurde »Euro Eddy« geboren, mit bürgerlichem Namen Edgar Schmitt. Eine Woche vor dem Spiel hatte sich der aus der Eifel stammende KSC-Stürmer bei einem Unfall mit seinem Auto viermal überschlagen. Viermal traf er beim legendären »Wunder vom Wildpark« gegen Valencia, jedes seiner Tore bejubelte der Kontaktlinsenträger mit weit auseinandergerissenen Armen. Wobei keiner seiner Treffer über die Maßen spektakulär war – so wird hier also mehr die Gesamtleistung gewürdigt, zu der leider der TV-Kommentar nicht zählte. Denn am Mikrofon des direkt übertragenden Privatsenders Sat.1 saß der fürs Herzlich-Emotionale bekannte Jörg Dahlmann, der Schmitts 1:0 (im Bild) so begleitete: »Dieser Mann ist Gold wert für den KSC ... der goldene Edgar ... der Eifel-König ... der Mann aus Dudeldorf ... haha ...«

VELTINS

Bernd Schneider

DEUTSCHLAND

1. Juni 2002, Sapporo Dome, Sapporo (Japan)
WM-Vorrunde, Deutschland – Saudi-Arabien 8:0

::: Dieses Tor gehört nicht in ein Buch mit dem Titel »Die 100 wichtigsten Tore der Welt«, sagen Sie? Recht haben Sie, weil der Blick auf das schiere Ergebnis den Treffer als völlig überflüssig ausweist. Zudem hätte auch das 7:0 durch Oliver Bierhoff sechs Minuten vor dem Ende gereicht, um das bisherige WM-Rekordergebnis einer deutschen Mannschaft – das in Vergessenheit geratene 6:0 gegen Mexiko 1978 – zu übertrumpfen. Aber Bernd Schneiders Tor in der Schlussminute des 79. deutschen WM-Spiels gegen extrem schwache Saudis war das schönste und lässigste Tor, das die deutsche Mannschaft bei der Weltmeisterschaft 2002 zustande brachte. Und es war das schönste Tor einer deutschen Nationalmannschaft, das jemals in einer Halle erzielt worden war; das Dach des 42 000 Zuschauer fassenden Sapporo Domes lässt sich nicht öffnen. Schneider hatte sich den Ball 18 Meter vor dem Tor hingelegt, tat einen Schritt – von Anlauf kann keine Rede sein – und lupfte den Ball gefühlvoll über die Mauer ins obere rechte Eck. (Nicht zuletzt gehört dieser Treffer in dieses Buch, weil er den zeitlosen Irokesen-Haarschnitt von Christian Ziege, 5. v. l., im Bild festhält.)

::: 1:1 ::: 90. Minute :::

Karl-Heinz Schnellinger

DEUTSCHLAND

17. Juni 1970, Estadio Azteca, Mexiko City (Mexiko)
WM-Halbfinale, Italien – Deutschland 4:3 n. V.

::: Es ist natürlich nicht richtig, dass Karl-Heinz Schnellinger im Verlauf seiner Karriere als Profi-Fußballer nur ein Tor geschossen hat. Genau genommen waren es zwölf. Und dass der Fernsehreporter Ernst Huberty am 17. Juni 1970 bei seiner Live-Reportage aus Mexiko City »ausgerechnet Schnellinger« ins Mikrofon sagte, hatte natürlich auch den Grund, dass es der Italien-Legionär, der beim AC Mailand unter Vertrag stehende Schnellinger war, der getroffen hatte – man hätte Huberty aber auch anders verstehen können. Denn dieser Treffer, nach einer Flanke des Frankfurters Grabowski übrigens, blieb tatsächlich der einzige in insgesamt 47 Einsätzen im Nationaltrikot für den gebürtigen Dürener. Und möglicherweise war es auch das wichtigste Tor seiner Karriere. Schließlich rettete es die deutsche Mannschaft in die Verlängerung in diesem Thriller in Mexiko City. Dieses Tor hielt damit für etwa eine halbe Stunde die Hoffnungen aufrecht, Deutschland könne zum dritten Mal nach 1954 und 1966 das Endspiel einer Weltmeisterschaft erreichen.

Bernd Schuster

BAYER 04 LEVERKUSEN

28. August 1994, Ulrich-Haberland-Stadion, Leverkusen

Bundesliga, 3. Spieltag, Bayer 04 Leverkusen – Eintracht Frankfurt 4:0

::: Der Kölner Lyriker und Poetry-Slammer Stan Lafleur widmete diesem Tor die folgenden Zeilen: »... flegeln, die den lauf seiner paesse / nicht zu lesen vermochten, bis es ihm / reichte: er das leder zu sich herbefahl / aus sechzig metern abzog, flugschau / fuer fortgeschrittene, und noch bevor / der ball im netz einschlug zufrieden / auf den Rasen rotzte ...« Auch wenn es tatsächlich nur 45 Meter bis ins Tor der Frankfurter Eintracht waren, eine Flugschau für Fortgeschrittene war der Schuss des 34-jährigen Altstars Bernd Schuster allemal. Eintracht-Keeper Andreas Köpke, der damals gerade den Kölner Bodo Illgner im Tor der Nationalmannschaft abgelöst hatte, lief etwas unentschlossen zurück, streckte sich, doch seine Hand kam nicht mehr an den Ball. Der Treffer wurde zum »Tor des Jahres« in der ARD-Sportschau gekürt, auch die Plätze zwei und drei in dieser Publikumswertung gingen an den 1993 nach 13 Jahren aus Spanien in die Bundesliga zurückgekehrten Schuster. Angeblich soll Schuster den Tipp für den Weitschuss gegen Köpke von einem neuen Mitspieler erhalten haben: Rudi Völler, aus Marseille an die Dhün gewechselt, debütierte ab der 72. Spielminute für Bayer – und traf selbst zum Endstand von 4:0 in der letzten Spielminute.

Georg Schwarzenbeck

FC BAYERN MÜNCHEN

15. Mai 1974, Stade du Heysel, Brüssel (Belgien)
Europapokal der Landesmeister, Finale, FC Bayern München – Atletico Madrid 1:1 n. V.

::: Seit der 114. Minute der Verlängerung führt Atletico Madrid im Brüsseler Stade du Heysel gegen den FC Bayern durch einen Treffer von Mannschaftskapitän Luis Aragonés, der 34 Jahre später als Trainer Spanien zur Europameisterschaft führen wird, mit 1:0. Eine knappe Minute ist noch zu spielen. Vorstopper Georg »Katsche« Schwarzenbeck nimmt Anlauf, einen langen Anlauf. Mit dem Ball am Fuß jagt der staksige Spieler übers Feld Richtung Atletico-Tor. Und als er dann 30, 40 Meter vor dem Tor angekommen ist, hält Schwarzenbeck drauf. Der Flachschuss sitzt. Ausgleich. Schwarzenbeck hat die Bayern in ein damals noch fälliges Wiederholungsspiel gerettet. Und das gewinnen die Münchener an gleicher Stelle zwei Tage später locker mit 4:0 nach jeweils zwei Toren von Gerd Müller und Uli Hoeneß. Es war der erste von drei aufeinanderfolgenden europäischen Landesmeistertiteln für die Bayern, der ohne Schwarzenbecks resoluten Einsatz nicht möglich gewesen wäre. Bei der abendlichen Siegesfeier wird der Verteidiger von Reportern bestürmt, er möge doch noch mal schildern, wie das bei seinem Tor im ersten Spiel so gelaufen sei. Schwarzenbeck wortkarg: »Woaßt eh, wias is: Drauf zundn hab i hoit ...«

::: 2:2 ::: 82. Minute :::

Uwe Seeler

DEUTSCHLAND

14. Juni 1970, Estadio Guanajuato, León (Mexiko)
WM-Viertelfinale, Deutschland – England 3:2 n. V.

::: 43 Tore hat Uwe Seeler in seiner 72 Länderspiele währenden Karriere für die deutsche Nationalmannschaft erzielt, das letzte ist das berühmteste geblieben. Nicht nur, weil viele vor dem WM-Start gesagt hatten, der 33-jährige Hamburger sei zu alt und überhaupt der falsche Sturmpartner für den Münchener Gerd Müller. Nicht nur, weil es im Klassiker gegen England fiel. Und nicht nur, weil dieses um 12 Uhr angepfiffene Spiel im Glutofen von Léon die höchst offizielle Revanche für die Finalniederlage in Wembley vier Jahre zuvor gewesen war. Bei 50 Grad Hitze hatte es nicht gut begonnen für die Mannschaft von Trainer Helmut Schön und ihren Kapitän Uwe Seeler. 0:2 lag Deutschland nach Treffern von Alan Mullery und Martin Peters zurück. Beckenbauer verkürzte in der 68. Minute. 13 Minuten später schlägt Karl-Heinz Schnellinger von links eine Flanke an die rechte Kante des Fünfmeterraums, dort springt Seeler mit dem Rücken zum Tor hoch, taucht mit dem Kopf unter den Ball, blickt noch einmal kurz über seine rechte Schulter und verpasst dem Ball dann mit seinem lichten Hinterkopf eine 90-Grad-Richtungsänderung. Es wird ein Lupfer, über Peter Bonetti, ins Tor. Verlängerung. Müller trifft. Deutschland im Halbfinale. England raus. Revanche geglückt.

FILTROS
GONHER
SIDRA
ROMAR
refresca en grande
A-COLA

Teddy Sheringham & Ole Gunnar Solskjær

MANCHESTER UNITED

26. Mai 1999, Camp Nou, Barcelona (Spanien)

Champions League, Finale, FC Bayern München – Manchester United 1:2

::: Das Spiel war längst gegessen. Der FC Bayern München hatte die Champions League gewonnen – durch einen direkt verwandelten Freistoß aus 17 Metern halblinke Entfernung von Mario Basler in der 6. Spielminute. Die Bayern-Fans auf den Tribünen im Camp Nou feierten. Die 90. Minute war verstrichen, drei Minuten Nachspielzeit. Manchester United bäumte sich noch einmal auf. Effenberg klärte eine Hereingabe zur Ecke und der englische TV-Kommentator stellte die Frage: »Can Manchester United score?« und beantwortet sie sogleich mit »They always score.« – und das taten sie dann auch. Im Anschluss an den Eckball von David Beckham konnten die Bayern zunächst klären, aber Giggs brachte den Ball direkt zurück, der eingewechselte Sheringham am Fünfmeterraum drehte sich und schoss ein. Dann gab es noch einen Eckball von links, wieder trat Beckham, wieder kam Sheringham an den Ball, diesmal mit dem Kopf, am hinteren Pfosten stand der zweite Einwechselspieler der Engländer, der Norweger Ole Gunnar Solskjær, hielt den Fuß hin und drückte den Ball steil in die Maschen. »Manchester United have reached the promised land«, sagte der englische TV-Kommentator. Für den FC Bayern war es die Hölle.

::: 1:0 ::: 63. Minute :::

Daniel Simmes

BORUSSIA DORTMUND

5. Oktober 1984, Westfalenstadion, Dortmund
Bundesliga, 7. Spieltag, Borussia Dortmund – Bayer 04 Leverkusen 2:1

::: Der Rechtsaußen Daniel Simmes war so etwas wie der Vorläufer von Lars Ricken bei Borussia Dortmund, noch ein wenig blonder, aber genauso 18-jährig, und er legte den wohl schönsten Sololauf der bisherigen Bundesliga-Geschichte hin. Im schnarchigen Heimspiel gegen Bayer Leverkusen nahm er sich den Ball in der eigenen Hälfte und lief los, 70 Meter lang an allen grätschenden Leverkusenern vorbei. »Ich hab nur das Tor gesehen«, sagte Simmes Jahre später. Schlussmann Rüdiger Vollborn konnte Simmes' Schuss nicht halten. Nachdem Leverkusens Thomas Hörster quasi im Gegenzug ausgeglichen hatte, lieferte Simmes in der 69. Minute die Vorarbeit zum Siegtreffer durch Bernd Klotz. Doch was so vielversprechend begann, endete im Nirgendwo. Ab 1988 beim Karlsruher SC, dann im belgischen Lierse, dann Regionalliga in Aachen, Wuppertal und ab 1997 in den Niederungen des belgischen Fußballs. 2004 war endlich Schluss mit Fußball, im Jahr zuvor hatte Simmes erfahren, dass er einen angeborenen Herzfehler hatte und sich deswegen vor jedem Spiel schon immer so gefühlt hatte, »als hätte ich schon neunzig Minuten in den Beinen.« Simmes ist in Belgien heimisch geworden. »Dass ich nicht im Stadion gestorben bin«, sagt er heute, »grenzt an ein Wunder«.

Jürgen Sparwasser

DDR

22. Juni 1974, Volkspark-Stadion, Hamburg
WM, 1. Finalrunde, Gruppe 1, DDR – Deutschland 1:0

::: Laut Spielplan hatte die DDR in Hamburg ein Heimspiel gegen die Gastgeber des Turniers, ihre kapitalistischen Brüder aus dem Westen. Bundeskanzler Helmut Schmidt war im Volkspark zugegen, er hatte vorher geäußert, in diesem Spiel gehe es »um mehr als Fußball«. Was also an sich schon absurd anmutete, verlor in der 77. Minute dieses ersten und einzigen deutsch-deutschen Fußballvergleichs die real-sozialistische Bodenhaftung, als der 26-jährige Magdeburger Jürgen Sparwasser zum 1:0 für die »DDR« *(Bild)* einschoss. Bernd Cullmann, Dieter Höttges und Berti Vogts hatten den Mann nicht stoppen können. Sepp Maier drehte sich mit Schrecken weg, Sparwasser lupfte ein und schlug einen Purzelbaum. Als das SED-Mitglied Sparwasser Ende 1974 mit dem 1. FC Magdeburg im Europapokal bei Bayern München antrat, wollten westdeutsche Vereine Sparwasser verpflichten – der tatsächliche Wechsel gelang ihm allerdings erst 14 Jahre später. Da floh er während eines Altherrenturniers in Saarbrücken in den Westen, trainierte nachher Eintracht Frankfurts Amateure, dann Darmstadt 98 und amtierte drei Jahre lang als Geschäftsführer der Fußballergewerkschaft VdV. »Es genügt, auf den Grabstein zu schreiben: Hamburg vierundsiebzig«, hat Sparwasser mal gesagt. »Dann weiß jeder, wer in der Kiste liegt.«

Michael Thomas

FC ARSENAL

26. Mai 1989, Anfield Road, Liverpool (England)
First Division, 38. Spieltag,
FC Liverpool – FC Arsenal 0:2

::: Der letzte Spieltag der englischen Meisterschaft war längst gespielt, ebenso das FA-Cup-Finale, das Liverpool für sich entschieden hatte. Wegen der Hillsborough-Katastrophe am 15. April in Sheffield, bei der 96 Fans im Zuge einer Massenpanik beim Pokal-Halbfinale zwischen Liverpool und Nottingham ihr Leben ließen, war das fürs Wochenende darauf angesetzte Ligaspiel zwischen Liverpool und Arsenal verschoben worden – auf diesen Freitagabend. So empfing also Liverpool, der Erste der Tabelle, den Zweiten. Arsenal musste mit zwei Toren Unterschied gewinnen, um Meister zu werden. Der letzte Sieg an der Anfield Road war den Gunners 1974 gelungen, doch als deren Stürmerstar Alan Smith früh in der zweiten Halbzeit traf, keimte Hoffnung auf. In der letzten Minute warf Arsenals Keeper John Lukic den Ball auf Lee Dixon, der einen langen Ball auf Smith spielte, der wiederum genial weiterleitete auf Michael Thomas. Thomas konnte von John Nicol nicht mehr entscheidend gestört werden und lupfte über Liverpools Torhüter Bruce Grobbelaar ins Tor zur Meisterschaft. Am Ende einer für alle intensiven Saison standen die Liverpool-Fans, denen man das Double entrissen hatte, auf den Tribünen und applaudierten. Sie klatschten für ihre Mannschaft, den Gegner, die Toten von Hillsborough und den Fußball selbst.

JVC

d's

Das umgefallene Tor

1. April 1998, Estadio Santiago Bernabéu, Madrid (Spanien)
Champions League, Halbfinale, Hinspiel, Real Madrid – Borussia Dortmund 2:0

::: Vor dem Halbfinalhinspiel der Champions League zwischen Real Madrid und Titelverteidiger Borussia Dortmund fällt ein Tor. Genauer: Es fällt um, weil es mit Drahtseilen an einem Zaun befestigt war, den euphorisierte Real-Anhänger bestiegen hatten und der aufgrund dieser Überlastung nach hinten weggeknickt war. Das ereignete sich eine Minute vor dem Anpfiff. 76 Minuten brauchten die Helfer, bis Ersatz beschafft werden konnte.
Im Stadion war kein überzähliges Tor vorhanden, deswegen wurde eines vom Trainingsgelände Reals in die Arena transportiert. Die Vorspielpause nutzen die TV-Moderatoren Marcel Reif und Günther Jauch zu einer später preisgekrönten Reportage. Darin fielen Sätze wie: »Ein Tor ist schon gefallen.« und »Noch nie hätte ein Tor einem Spiel so gut getan.« Günther Jauch sagte später einmal: »In Wahrheit haben wir uns hier die Bälle zugespielt, damit der, der ihn gerade nicht hatte, wieder nach Luft schnappen konnte. Wir hatten keinen Plan, was wir da reden.« Das Vorspiel verfolgten mehr als zwölf Millionen Zuschauer, gerade einmal die Hälfte wollte anschließend das Spiel noch sehen, das übrigens Borussia Dortmund mit 0:2 verlor. Nach einem 0:0 im Rückspiel schied der BVB aus. Madrid gewann das Finale gegen Juventus Turin.

Fritz Walter

1. FC KAISERSLAUTERN

6. Oktober 1956, Zentralstadion, Leipzig

Freundschaftsspiel, SC Wismut Karl-Marx-Stadt – 1. FC Kaiserslautern 3:5

::: Dies ist das »Tor des Jahrhunderts«. So hat es zumindest DDR-Sportreporter Wolfgang Hempel seinerzeit bezeichnet, möglicherweise auch in der Freude darüber, dass erstmals seit der Teilung eine westdeutsche Mannschaft zu einem Spiel in den Osten kam. Und dann auch noch die legendäre Walter-Elf aus Kaiserslautern, in der bei diesem Treffen vier 1954er-Weltmeister standen, darunter auch Kapitän Fritz Walter. 20 000 Zuschauer mehr als die zugelassenen 100 000 waren an einem regnerischen Freitag ins kurz zuvor eröffnete Leipziger Zentralstadion gekommen, um dem Vergleich mit dem ostdeutschen Meister Wismut Karl-Marx-Stadt beizuwohnen. Angeblich hatten 600 000 Kartenanfragen vorgelegen. Kaiserslautern führte 2:1, als Ottmar Walter einen Eckball von rechts in den Strafraum brachte. Dort merkte Bruder Fritz, dass der Ball in seinen Rücken kam, und also tat er das, was er im Training oft schon geübt hatte. Er hechtete nach vorn, riss die Unterschenkel nach oben und beförderte den Ball mit der rechten Hacke aus 15 Metern Torentfernung in den Winkel. »Diesen Absatzschuss«, erklärte Walter später, »haben wir, Ottes und ich, oft geübt.« Es sei ›kein Zufalls-, aber in dieser Vollendung ein Glückstor gewesen‹ «.

::: 1:0 ::: 35. Minute :::

Jürgen Wegmann

FC BAYERN MÜNCHEN

26. November 1988, Olympiastadion, München

Bundesliga, 16. Spieltag, FC Bayern München – 1. FC Nürnberg 1:0

::: »Ich bekam mehr Stimmen als Holland-Legende Marco van Basten«, erinnerte sich Jürgen Wegmann an die Wahl zum »Tor des Jahres« in der ARD-Sportschau 1988. Van Basten hatte mit seinem Treffer immerhin die Niederlande zum Europameistertitel (s. Seite 16 f.) geschossen, Wegmanns berühmter Scherenschlag gegen den 1. FC Nürnberg hingegen war gerade mal für zwei Bundesliga-Punkte gut gewesen. Olaf Thon hatte eine perfekt getimte Flanke in Nürnbergs Sechzehner geschlagen. Rechts des Elfmeterpunktes legte sich Wegmann seitlich in die Luft und schoss mit rechts ein. Dabei blickte er fasziniert seinen Ball hinterher und vergaß, Maßnahmen zur sanften Landung einzuleiten. Die Folge: eine schmerzhafte Rippenprellung. Neben diesem Treffer hatte Jürgen Wegmann noch ein zweites wichtiges Tor erzielt: 1986 in der Relegation gegen Fortuna Köln in der allerletzten Minute erhielt er Borussia Dortmund die Erste Liga. Nach seiner Karriere und zahlreichen privaten Problemen bekam Jürgen Wegmann einen Job im Merchandising des BVB. Als er dort immer unregelmäßiger erschien, wurde er entlassen. Jetzt steht er wieder beim FC Bayern unter Vertrag. Jürgen Wegmann arbeitet im offiziellen Fan-Shop des Vereins in Oberhausen und sagt: »Ich lebe, weil die Bayern mich ins Leben zurückgeholt haben.«

Marc Wilmots

FC SCHALKE 04

7. Mai 1997, Parkstadion, Gelsenkirchen

UEFA-Pokal, Finale, Hinspiel, FC Schalke 04 – Inter Mailand 1:0

::: »Der Wilmots«, behauptete Schalkes Manager Rudi Assauer nach dem Hinspielsieg gegen Inter Mailand, »hat ja auch 'n Schuss wie 'n Pferd.« Bis drei Minuten vor seinem »Mordsding« *(Süddeutsche Zeitung)* oder »großes Schieß«, wie es Gästetrainer Roy Hodgson in deutscher Sprache zu benennen versuchte, also dem geglückten Torschuss in der 70., hatte Wilmots den Aushilfsstürmer geben müssen: Dann wurde der Hauptberufsstürmer Martin Max eingewechselt und »Willy, das Kampfschwein«, wie man Wilmots dieser Tage nannte, konnte sich in seine Komfortzone zurückfallen lassen. »Der Wilmots«, erklärte Schalkes Trainer Huub Stevens, »ist ja gefährlicher, wenn er aus dem Mittelfeld kommt.« Von dort lief Wilmots kurz darauf mit dem Ball am Fuß an, drosch aus 30 Metern in die Maschen des Inter-Tores, erzielte also seinen fünften Treffer im laufenden Wettbewerb und verschaffte Schalke zwar keine gnadenlos gute, aber zumindest eine Ausgangsposition für das Rückspiel im Giuseppe-Meazza-Stadion. »Schalke bezwingt Inter Mailand mit eins zu null«, sagte Schalkes Stadionsprecher Norbert Scheffler nach Abpfiff des Hinspiels staatstragend und fügte ein niedliches »Hach, geil!« hinzu. Auf der Anzeigetafel war »Eine Hand am Pott« zu lesen, zwei Wochen später waren es zwei.

Helmut Winklhofer

FC BAYERN MÜNCHEN

10. August 1985, Grotenburg-Kampfbahn, Krefeld
Bundesliga, 1. Spieltag, Bayer 05 Uerdingen – FC Bayern München 1:0

::: Weshalb dieser Treffer von vielen als schönstes Eigentor der Bundesliga-Geschichte gewertet wird, mag auch daran liegen, dass es Helmut Winklhofers Knaller im Auswärtsspiel bei Bayer 05 Uerdingen sogar zur Auszeichnung »Tor des Monats« in der ARD-Sportschau brachte. Es war nicht nur das erste Eigentor in der Geschichte dieses inoffiziell-offiziellen Wettbewerbs, es war auch Winklhofers einzige Auszeichnung dieser Art und noch dazu eine, die er nicht abholen durfte – das hatten ihm die Verantwortlichen seines Clubs untersagt. Für Bayern-Torwart Jean-Marie Pfaff schien sich derweil eine gewisse Tradition kurioser Tore an ersten Spieltagen zu ergeben. Drei Jahre zuvor hatte er einen Einwurf des Bremers Uwe Reinders ins eigene Tor gelenkt (s. Seite 111), gegen den Vollspannschuss seines Kollegen Winklhofer aus knapp 35 Metern war er wirklich machtlos. Winklhofer (Bildmitte) hatte einen Pressschlag mit Larus Gudmundsson (r.) kommen sehen, doch der Uerdinger Stürmer hatte sein Bein schnell noch zurückgezogen, worauf Winklhofer perfekt und mit viel Effet ins eigene Tor traf. Zur zweiten Halbzeit nahm Trainer Udo Lattek den Unglücklichen vom Feld. Begründung Latteks: »Das ist jetzt unser Torjäger. Ich wollte ihn für das nächste Spiel schonen.«

Zinédine Zidane

REAL MADRID

15. Mai 2002, Hampden Park, Glasgow (Schottland)
Champions League, Finale,
Bayer 04 Leverkusen – Real Madrid 1:2

::: Die eigentlich beste Saison in der Geschichte des Fußballclubs Bayer Leverkusen wollte einfach kein gutes Ende nehmen. Nach binnen elf Tagen verspielter Meisterschaft, der Niederlage im nationalen Pokalfinale gegen Schalke verdarb zum Schluss noch Zinédine Zidane der Werkself den Spaß im Endspiel der Champions League. Kurz vor der Pause beim Stand von 1:1 spielt Roberto Carlos, der schon das 1:0 durch Raúl vorbereitet hatte, einen Doppelpass mit seinem Teamkollegen Santiago Solari und gewinnt anschließend das Laufduell gegen Zoltán Sebescen auf dem linken Flügel. Es folgt eine Bogenlampenhereingabe auf den an der Strafraumgrenze völlig frei stehenden Zinédine Zidane, der sich den Linksvolley in aller Ruhe zurechtlegen kann und zum 2:1 für Real in den Winkel schießt. »Da steht der Zidane blank«, berichtete Leverkusens Trainer Klaus Toppmöller völlig gebannt, »das war ein Welttor.« Der starke Bernd Schneider wollte die Euphorie seines Trainer nicht ganz teilen: »Von hundert macht der vielleicht einen rein, und das war heute.« Wie auch immer, für den »Weltfußballer des Jahres«, den Welt- und Europameister Zidane blieb es der erste und einzige Sieg in einem Champions-League-Finale.

Abbildungsnachweis:
Hans-Peter Beyer (Seite 138), *ddp images/AP* (Seiten 2/3, 45, 46, 47, 65, 97, 104 und 124), *El Sol de Mexico* (Seite 118), *Firo* (Seiten 74/75, 77 und 142/143), *GES* (Seiten 34/35, 90, 100 und 122/123), *Getty Images* (Bucheinbandrückseite und Seiten 0/1, 6/7, 10/11, 14, 38, 58/59, 76, 91, 94/95, 105, 119, 133 und 136/137), *Horstmüller* (Seiten 18/19, 32, 36/37, 56, 72/73, 81, 82/83, 98, 108/109, 112, 120/121, 128/129, 132 und 141), *Imago* (Buchtitelbild und Seiten 8/9, 12/13, 15, 16/17, 23, 26/27, 30, 39, 40/41, 42, 43, 50, 52, 53, 54/55, 62/63, 67, 68/69, 116/117, 134/135, 139 und 145), *Kunz* (Seiten 78/79), *Sportfoto Pfeil* (Seiten 92/93), *Picture-Alliance* (Vorsatz, Seiten 20, 22, 28/29, 33, 44, 57, 66, 70/71, 80, 84, 96, 106, 114/115, 130/131 und 140), *Pixathlon* (Seiten 24/25, 48/49, 60/61, 99, 125 und Nachsatz), *Rauchensteiner* (Seite 110), *Reuters* (Seite 113), *Witters* (Seiten 21, 31, 51, 64, 86/87, 88, 89, 101, 102/103, 107, 111 und 126), *Hartwig Valdmanis* (Seite 85)

Von Thomas Lötz und Reinaldo Coddou H. sind darüber hinaus folgende Titel im Delius Klasing Verlag erschienen:
100 Legenden der Bundesliga
Die Geschichte der Champions League

Bibliografische Information der Deutschen Nationalbibliothek
Die Deutsche Nationalbibliothek verzeichnet diese Publikation in der Deutschen Nationalbibliografie; detaillierte bibliografische Daten sind im Internet über http://dnb.d-nb.de abrufbar.

1. Auflage
ISBN 978-3-7688-3219-9

Idee, Konzept und Text: Thomas Lötz
Bildredaktion: Reinaldo Coddou H.

Lektorat: omnibooks, Bielefeld
Gestaltung: Weusthoff Noël, Hamburg, Jörg Weusthoff
Herstellung: Jörn Heese
Reproduktionen: digital | data | medien, Bad Oeynhausen
Druck: Kunst- und Werbedruck, Bad Oeynhausen
Printed in Germany 2010

Delius Klasing Verlag, Siekerwall 21, D - 33602 Bielefeld
Tel.: 0521/559-0, Fax: 0521/559-115
E-Mail: info@delius-klasing.de
www.delius-klasing.de

OSCARIA
AEG ALLT I EL
TELEFUNKEN TV